문해력이
자라는 수업

문해력이 자라는 수업

1판 2쇄 발행 2025년 1월 20일

지은이	안녕어린이책연구소 (배은아, 송은영, 손지영, 김주연, 김예영, 김혜진, 김다혜)
펴낸이	한기호
책임편집	서정원
편집	박예슬, 송원빈, 이선진
본부장	여문주
마케팅	윤병일, 하미영
경영지원	김윤아
디자인	이성호
인쇄	예림인쇄
펴낸곳	㈜학교도서관저널
출판등록	제2009-000231호(2009년 10월 15일)
주소	04029 서울시 마포구 동교로 12안길 14(서교동) 삼성빌딩 A동 3층
전화	02-322-9677
팩스	02-6918-0818
전자우편	slj9677@gmail.com
홈페이지	www.slj.co.kr

ISBN 978-89-6915-174-2 (03370)
책값은 뒤표지에 있습니다.

이 도서의 국립중앙도서관 출판예정도서목록(CIP)은 서지정보유통지원시스템 홈페이지(http://seoji.nl.go.kr)와 국가자료종합목록 구축시스템(http://kolis-net.nl.go.kr)에서 이용하실 수 있습니다.

문해력이 자라는 수업

다양한 수업 도구를 활용한 39가지 방법

안녕어린이책연구소 지음

여는 글

교육계에서 학생들의 문해력이 화두가 되고 몇 년의 시간이 흘렀습니다. 어른들은 요즘 아이들이 책을 읽지 않는다며 걱정합니다. 하지만 20년 전과 비교해 보면 학생들의 종합 독서량은 줄지 않았습니다. 오히려 코로나19 이후 학교 교육의 회복으로 독서량이 증가한 것으로 나타납니다(2023 국민독서실태조사).

그러면 독서량과 문해력은 정비례할까요? 안타깝게도 그렇지 않습니다. 출판시장을 살펴보면 아동도서에서 만화책이 차지하는 비율이 과거에 비해 많이 늘어났습니다. 예능 프로그램의 짧은 자막과 숏폼에 익숙해진 아이들은 긴 호흡의 글을 읽기 어려워합니다. 독서의 양(量)은 많은데, 질(質)은 떨어집니다. 게다가 이제는 읽기의 대상이 책만 있는 게 아닙니다. 디지털 자료로 그 범위가 넓어지고 있습니다. 학생들에게 어떤 읽기 자료를 제시해야 할지, 교사의 고민은 깊어만 갑니다.

학교 현장에서는 학생들의 문해력 수준 양극화가 점점 심각해지는 것을 체감하고 있습니다. 아침 활동 시간에 읽을 책을 도서관에서 자유롭게 고르라고 하면, 어떤 책을 골라야 할지 몰라 쩔쩔매는 학생들이 많습니다. 수업 시간에도 마찬가지입니다. 교과서에 나오는 글을 읽기 어려워하는 학생들이 더 많아졌습니다. 그렇기에 한 교실에서 많은 학생을 지도해야 하는 교사는 난감함을 느끼게 마련입니다. 어떻게 하면 학급의 모든 학생을 문해력의 세계로 재미있게 이끌 수 있을까요?

이 책에서는 문해력을 '글을 읽고 내용을 파악한 후 본인의 생각을 표현하는 능력'으로 정의하고, 문해력을 향상하는 39가지의 수업 아이디어를 제공합니다. 반복적으로 책을 읽고 학습하는 과정은 학생들에게 지루하게 느껴질 수 있습니다. 그래서 학생들이 문해력 수업에 즐겁게 '몰입'할 수 있도록 다채로운 수업 방법을 모색했습니다.

'몰입(flow)'이란 '무언가에 흠뻑 빠져 있는 상태'를 말합니다. 강렬한 주의 집중으로 시간 가는 줄 모르고 즐거움을 느끼는 것을 의미하지요. 재미있는 문해력 수업을 통해 읽고 쓰고 생각하며 몰입을 경험한 학생들은 자신도 모르게 문해력이 한 단계 성장합니다. 이러한 즐거운 수업 경험은 학생들이 교사와 학교에 대한 신뢰를 쌓고, 친구들과의 관계를 더욱 끈끈하게 만드는 데 기여할 수 있습니다.

현장의 교사들이 문해력 수업을 운영할 때 실질적인 도움을 받을 수 있는 책을 만들어 보기로 하고, 학교도서관에서 매일 학생들을 만나는 사서교사 7명이 모였습니다. 머리를 맞대고 함께 연구해서, 학년 수준과 교육과정을 고려한 다양한 읽기 자료를 선정했습니다. 또한 학생들이 수업에 재미있게 참여할 수 있는 활동지와 수업 도구를 연구한 결과를 이 책에 담았습니다. 요즘은 과거에 비해 문해력의 개념이 확장된 만큼 학생들이 책뿐만 아니라 정기간행물과 참고도서 등 다양한 읽을거리를 접할 수 있도록 수업을 구성했습니다. 재미있게 문해력 수업에 몰입할 수 있도록 보드게임, 그래픽 조직자, 북큐레이션 등 여러 가지 도구를 접목한 수업도 준비했습니다. 또한 최근 강조되는 디지털 미디어 문해력 관련해서 디지털 미디어와 에듀테크를 활용한 수업도 담았습니다. 많은 시행착오와 논의를 통하여 완성한 책인 만큼, 학교 현장에서 학생의 문해력 지도를 하는 많은 선생님에게 큰 도움이 되리라 생각합니다.

    심리학의 '자기결정성 이론'에 따르면, 행복한 사람들은 자신의 삶에 대해 스스로 결정하는 힘을 가지고 있다고 합니다. 상황과 맥락을 파악하여 자신감 있는 결정을 내릴 수 있는 힘은 탄탄한 문해력으로부터 나옵니다. 재미있는 문해력 수업을 통해 아이들이 한 뼘씩 성장해 나갈 수 있도록 이끌어 주는 데 이 책이 도움이 되면 좋겠습니다.

차 례

여는 글 4

❶ 문해력 씨앗 틔움

1장 책을 활용한 문해력 교육
　　동화책으로 문해력 씨앗 키우기 **13**
　　글 없는 그림책의 작가 되기 **20**
　　글을 읽고 그림으로 표현하는 그림 문해력 **24**
　　속담 책을 활용하여 말하고 쓰는 문해력 키우기 **30**
　　365일 무슨 책 읽지? 책 일력 함께 만들기 **36**

2장 참고도서를 활용한 문해력 교육
　　신문 기사로 정보 문해력 기르기 **45**
　　정기간행물 기사 읽고 워드클라우드 만들기 **51**
　　책 속 낱말로 만든 국어사전, 책말사전 **57**
　　국어사전을 활용한 수업 놀이 **61**
　　도감류 활용수업 **70**

3장 감정 문해력 교육
　　감정 카드 만들기로 다양한 감정 알아보기 **79**
　　마음 처방전으로 감정 공감하기 **85**

MBTI를 활용한 감정 문해력 키우기 **91**
마음 종소리 게임으로 감정 문해력 기르기 **95**
공감과 존중으로 감정 문해력 기르기 **103**

❷ 문해력 새싹 키움

4장 다양한 수업 도구를 활용한 문해력 교육
북큐레이션으로 독서 흥미 높이기 **113**
그림책 읽고 가치수직선 토론하기 **122**
포스트잇 인터뷰 토론으로 인물 이해하기 **127**
동화 낭독극으로 읽기 문해력 쑥쑥 **133**
독서퀴즈 만들기로 정보책 쉽게 읽기 **139**
읽기와 쓰기 능력이 향상되는 롤링페이퍼 **145**
독서 보드게임으로 문해력 키우며 놀기 **152**

5장 그래픽 조직자를 활용한 문해력 교육
인과 구조 그래픽 조직자로 글의 내용 예측하기 **167**
정보 그래픽 조직자로 정보를 주는 글 요약하기 **173**
육하원칙 그래픽 조직자로 이야기 글 요약하기 **179**
감정그래프 그래픽 조직자로 인물의 감정을 이해하고 표현하기 **186**
4컷 만화 그래픽 조직자로 그림책 읽고 표현하기 **190**
오감 그래픽 조직자로 감각적 표현하기 **194**

❸ 문해력 꽃 피움

6장 디지털 미디어를 활용한 문해력 교육
디지털 영상 자료를 활용한 요약 문해력 기르기 **203**
구글어스로 공간 문해력 기르기 **208**
썸트렌드로 키워드 분석하여 어휘 문해력 키우기 **218**
책열매를 활용한 어휘 문해력 키우기 **223**
클로바더빙을 활용해 뉴스 제작하기 **229**

7장 에듀테크를 활용한 문해력 교육
투닝을 활용해 북트레일러 웹툰 만들기 **239**
미리캔버스를 활용해 책 추천 포스터 만들기 **247**
리틀리를 활용해 작가소개 프로필 만들기 **253**
채터픽스를 활용한 동물복지 캠페인 **261**
크롬뮤직랩 송메이커로 음악 만들기 **270**
스토리플로터를 활용한 8주 책 쓰기 프로젝트 **279**

참고문헌 290

1부 문해력 씨앗 틔움

- 1장 -

책을 활용한 문해력 교육

문해력은 텍스트를 읽고 이해하며, 이를 통해 지식을 습득하고 문제를 해결하는 능력을 의미합니다. 이러한 문해력을 향상하는 데 있어 책은 매우 중요한 학습 도구입니다. 책은 기본적으로 올바른 문장과 어휘, 다양한 주제를 포함하고 있어서 어휘력 확장, 배경지식 축적, 비판적 사고능력 강화, 문장 이해 능력 향상 등 다양한 측면에서 책을 읽는 사람의 문해력을 증진해 줍니다.

1장은 학습 도구로 책을 읽으며 다양한 단어와 문장 및 표현을 접할 수 있는 학습활동으로 구성되어 있습니다. 학생들은 재미있고 짧은 동화책으로 지속적인 책 읽기 경험을 가짐으로써 자신감과 함께 문해력 성장을 스스로 느낄 수 있습니다. 속담 책을 활용한 수업과 책 일력 만들기 수업은 다양한 단어와 표현을 접하게 하면서 자연스럽게 어휘력을 향상하고 낯선 단어를 이해하는 데 도움을 줍니다. 책을 학습 도구로 활용한 교육은 독서 전-중-후 과정을 기본 바탕으로 말하기, 그림 그리기, 쓰기 등의 활동을 통해 자신이 읽은 책의 내용을 정리하고 표현하는 능력을 길러 줍니다.

동화책으로 문해력 씨앗 키우기

2학년	#줄거리요약 #이해(인물·사전·배경·표현) #어휘 #추론	교사가 읽어 주기 질문하기
수업 주제	이야기를 감상하고 생각이나 느낌 표현하기	
수업 목표	이야기를 읽고 생각이나 느낌을 표현할 수 있다.	
준비물	『나랑 도서관 탐험할래?』 활동지	

[함께 읽을 책]

『나랑 도서관 탐험할래?』 나탈리 다르장, 라임

그림책에서 동화책으로 넘어가는 단계에 있는 2학년 학생을 대상으로 '첫 동화책 읽기' 수업을 진행해 보았습니다. 2학년이면 동화책을 쉽게 읽을 것 같지만, 학생들은 그림의 비중이 적은 동화책을 잘 선택하지 않습니다. 글씨만 읽고 장면을 상상하는 것이 어렵고, 읽기 유창성이 떨어지기 때문입니다. 그래서 2학년의 첫 동화책 읽기는 자신감 형성을 위해 준비했습니다. 형태는 동화책이지만 글과 그림의 비중이 적당해서, 끝까지 읽기 좋은 책으로 골랐습니다.

『나랑 도서관 탐험할래?』는 책 읽기 싫어하는 톰이 책과 친해지는 과정을 재미있게 그린 동화책입니다. 책 읽기를 억지로 강요하기보다 자연스럽게 도서관과 친해지고, 책을 좋아하게 되는 과정을 재미있게 보여 줘서 아이들의 공감을 받은 작품입니다.

[독서 전 활동]

활동1. 책 표지 살펴보기

본격적으로 책을 읽기 전, 책 표지에서 책의 제목에 해당하는 낱말을 가립니다. 책 표지로 하는 독서 전 활동은 아이들의 호기심을 불러일으키기 좋습니다. 대부분의 아이들은 책 표지 그림을 보고 제목을 금방 알아챕니다.

나랑 ( ) ( ) 할래?
- 책 제목을 맞혀 보세요.
- 책 표지와 그림만 살펴보고
  어떤 이야기일지 상상해서 이야기해 보세요.

활동2. 어려운 낱말 알아보기

책에 나오는 어려운 낱말을 알아봅니다. 어려운 낱말을 미리 알아보는 활동을 한 뒤 책을 읽으면 아이들의 내용 이해가 수월해져 문해력을 높일 수 있습니다.

	오늘의 낱말	
	보기) 게걸스럽게 / 빈정거리는 / 선언 / 용도 / 침략 / 탐낼	
낱말	책에 나온 문장	뜻
	누나는 책을 아주 (ㄱㄱㅅㄹㄱ) 읽어 대거든요.	몹시 먹고 싶거나 하고 싶은 욕심에 사로잡힌 듯하다.
	책을 읽는 것 말고 다른 (ㅇㄷ)로 써서도 절대 안된다나요?	쓰이는 길. 쓰이는 곳.
	마틸드 누나는 위로를 하는 건지 (ㅂㅈㄱㄹㄴ) 건지 모를 말을 툭 던졌어요.	남을 은근히 비웃는 태도로 자꾸 놀리다.
	아빠는 아멜리 이모가 선물한 책을 톰과 함께 읽겠다고 (ㅅㅇ)했어요.	널리 펴서 말함.
	책에 나온 문장: 굳이 누나의 롤러스케이트를 (ㅌㄴ) 필요가 없겠지?	가지거나 차지하고 싶어 하다.
	지구를 외계인의 (ㅊㄹ)으로부터 구해내기 위해 신나게 한판 전투를 벌였어요.	정당한 이유 없이 남의 나라에 쳐들어감.

[독서 활동]

학생의 호기심이 충분히 자극되었을 때, 교사가 직접 책을 읽어 줍니다. 각자 책을 펼쳐서 교사가 읽는 페이지를 눈으로 따라 가도록 합니다. 1차시에는 중반부까지 읽어 주고 남은 시간에는 학생이 직접 읽도록 지도합니다. 이렇게 교사가 직접 읽어 주고 학생이 눈으로 따라 읽는 활동은 저학년의 읽기 유창성을 높이는 데 효과적입니다. 교사와 학생이 속도를 맞춰 책을 읽을 수 있고, 듣기와 읽기가 동시에 진행되기 때문에 내용 이해도를 높일 수 있습니다.

2차시에는 뒷부분을 반복해서 읽어 줍니다. 읽는 활동이 반복되기 때문에 내용 이해를 더욱 다질 수 있습니다. 교사가 낭독할 때는 적절한 톤과 어조로 뜻이 잘 전달되게 읽습니다. 책을 읽다가 중간에 질문을 던지면 책에 대한 몰입도를 더욱 높일 수 있습니다.

- 부모님이 톰 때문에 싸우실 때 톰의 마음은 어땠을까요?
- 아빠의 깜짝 선물을 받은 톰은 과연 책을 읽었을까요?
- 여러분도 톰처럼 마음이 갑갑하고 불편했던 경험이 있나요?
- 톰처럼 여러분이 처음 도서관에 갔을 때 든 생각과 느낌은 어땠나요?
- 여러분의 책 읽기는 어떤 유형인가요?(부록 '나는 어떤 유형일까요?' 참조)

[독서 후 활동]

책을 끝까지 함께 읽은 후에는 독서퀴즈를 풉니다. 학생들이 풀어 볼 수 있도록 활동지를 먼저 나누어 주고, 10분 뒤에 함께 퀴즈를 풉니다. 1~11번 문제는 책에서 답을 찾을 수 있지만, 12번 문제는 자기 생각을 표현할 수 있도록 했습니다. 책과 관련된 자기 생각을 표현하는 경험을 제공하기 위함입니다. 12번 질문은 답이 따로 없지만, 책 읽기와 비슷하다고 표현한 ( ) 안의 낱말이 그 이유와 잘 어울리는지 확인

『나랑 도서관 탐험할래?』 독서퀴즈

2학년   반   이름:

독서퀴즈 문제	답
1. 톰의 가족 중 책을 가장 좋아하는 사람은 누구인가요?	
2. 아멜리 이모는 책 읽는 걸 싫어하는 아이는 나중에 어른이 되었을 때 절대로 (ㅅㄱ)할 수 없다고 했습니다. ( ) 안에 들어갈 말은?	
3. 톰의 엄마 아빠가 부부싸움을 한 이유는? ① 아빠가 정리를 안 해서 ② 엄마가 책을 안 읽어서 ③ 톰이 책을 좋아하지 않아서 ④ 마틸드가 책을 좋아하지 않아서	
4. 톰은 마음이 갑갑하고 불편했습니다. 게다가 그날은 하루 종일 되는 일이 하나도 없었다고 하는데 톰에게 일어난 일이 아닌 것을 고르세요. ① 술래잡기에서 금방 술래한테 잡힌 일 ② 마틸드 누나랑 싸운 일 ③ 초콜릿 빵이 톰 바로 앞에서 똑 떨어진 일 ④ 교과서의 글씨가 이상하게 보인 일	
5. 톰의 아빠가 준비한 깜짝 선물은?	
6. 마르졸렌 누나는 책 읽기가 (ㅃㅃ)와 비슷하다고 했어요. "언젠가는 (ㅃㅃ)를 하고 싶어서 못 참겠는 날이 올걸?"이라고 덧붙이기도 했어요. ( ) 안에 들어갈 말은?	
7. 마르졸렌 누나가 책 읽기를 좋아하지 않는 사람들을 위해 특별히 마련된 곳이라고 소개한 곳은 어디인가요?	
8. 도서관에서 책을 바닥에다 마구 내던지면서 노는 아기를 보고 톰은 집에서처럼 책을 깔끔하게 (ㅈㄹ)해 두어야겠다는 생각이 들었어요. ( ) 안에 들어갈 말은?	
9. 사서선생님은 책 읽기가 (ㄷㄹㄱ)와 비슷하다고 했습니다. 연습을 하면 할수록 힘이 덜 들기 때문이지요. ( ) 안에 들어갈 말은?	
10. 톰은 책 읽기는 (ㅇㄷ)처럼 꾸준히 연습하면 된다고 말했습니다. ( ) 안에 들어갈 말은?	
11. 마지막에 아빠에게 말한 톰의 꿈은 무엇인가요?	
12. 여러분은 책 읽기가 무엇과 비슷하다고 생각하나요? 그 이유와 함께 소개해 주세요. 나는 책 읽기가 ( )과 비슷하다고 생각해요. 왜냐하면	

하는 과정이 필요합니다. 아이들의 활동지를 직접 검사하면서 개별 피드백을 해주면 됩니다.

[수업 후기]

첫 숟가락부터 배부를 수 없지만, 처음으로 동화책을 끝까지 읽어본 아이들은 자신감을 얻는 모습이었습니다. 이 책은 시리즈물로 다른 주제의 책이 더 있어서 독서의 확장을 불러올 수 있습니다. 수업을 진행할 때 칠판 앞에 책을 전시해 두고, 더 읽어 보고 싶은 학생은 쉬는 시간이나 점심시간에 빌려 가라고 안내했습니다. 학년 수업을 마무리한 후에 많은 학생이 이 시리즈물을 빌려 가서 이달의 인기도서가 되었습니다.

> **수업 tip**
> 책 읽는 속도가 느린 학생은 손가락으로 짚으며 읽을 수 있도록 지도하세요.
> 읽기 활동을 어려워하는 학생은 따로 자리를 마련하여 교사가 직접 읽어 주세요.

첫 동화책 읽기 수업에 추천하는 책

	도서	저자	출판사
나탈리 다르장의 우리는 단짝 친구 시리즈	빵 사러 가는 길에 쉿, 비밀 투표야! 용돈이 다 어디 갔지? 친구가 욕을 해요 헉, 나만 다른 반이라고? 힝, 나만 남으라고?	나탈리 다르장	라임
2학년이 처음 읽기 좋은 동화책	귀신보다 더 무서워 그 소문 들었어? 꽃들에게 희망을 냄비와 국자 전쟁 마음을 배달해 드립니다 멋진 여우 씨 새빨간 입술 젤리 언제나 칭찬 우당탕탕 야옹이와 바다 끝 괴물 있으려나 서점	허은순 하야시 기린 트리나 폴러스 미하엘 엔데 박현숙 로알드 달 이나영 류호선 구도 노리코 요시타케 신스케	보리 천개의바람 시공주니어 소년한길 좋은책어린이 논장 뜨인돌어린이 사계절 책읽는곰 온다
2학년이 처음 읽기 좋은 동화책 시리즈	나무 집 시리즈 내 멋대로 뽑기 시리즈 똥볶이 할멈 시리즈 만복이네 떡집 시리즈 삐딱한 K의 재습기 시리즈 엉뚱한 기자 김방구 시리즈 윔피 키드 시리즈 책 먹는 여우 시리즈 엽기 과학자 프래니 시리즈	앤디 그리피스 최은옥 강효미 김리리 강경수 주봄 제프 키니 프란치스카 비어만 짐 벤튼	시공주니어 주니어김영사 슈크림북 비룡소 위즈덤하우스 비룡소 미래엔아이세움 주니어김영사 사파리
2학년이 처음 읽기 좋은 동화책 문고	난 책읽기가 좋아 시리즈 네버랜드 꾸러기 문고 사계절 저학년문고 신나는 책읽기 시리즈 좋은책어린이 창작동화 시리즈		비룡소 시공주니어 사계절 창비 좋은책어린이

글 없는 그림책의 작가 되기

3~6학년	#줄거리요약 #이해(인물·사건·배경·표현)	각자 읽기
수업 주제	글 없는 그림책으로 키우는 문해력	
수업 목표	『비밀의 문』을 읽고 내용을 상상하여 표현할 수 있다.	
준비물	『비밀의 문』, 다양한 사이즈와 색상의 포스트잇, 네임펜	

글 없는 그림책은 작가가 그림으로만 이야기를 이끌어 나가는 형태의 책입니다. 글 없는 그림책을 읽는 독자들은 시각적인 정보를 통해 내용을 해석하고 이해합니다. 글 없는 그림책을 읽을 때는 먼저 그림에 집중하며 각자 읽습니다. 혼자 읽은 후에 친구 또는 짝과 함께 읽습니다. 친구들과 함께 읽으면서 내용에 대한 대화가 시작됩니다. 아이들의 자연스러운 일상 언어를 통해 학생들은 다양한 표현을 익힐 수 있습니다. 글 없는 그림책을 보면서 자유롭게 이야기를 만들어 낼 수 있습니다. 이야기를 만들기 위해서는 등장인물의 표정과 자세를 살피며 감정

을 파악하고, 배경과 분위기도 잘 관찰해야 합니다. 학생들은 자기만의 방식으로 이야기를 구성하면서 작가가 되어 봅니다.

[함께 읽을 책]

『비밀의 문』 에런 베커, 웅진주니어

2014년 칼데콧 아너상 수상작인 『머나먼 여행』의 후속편입니다. 글 없는 그림책이라 학생들은 그림에 더욱 집중하고, 인물의 표정으로 각 장면의 분위기를 파악하게 됩니다. 또한 특정 장면에서 두드러지는 그림이 아닌 작은 그림을 세심하게 관찰하며, 그런 그림을 이야기 만들어 가는 요소로 활용하기도 합니다.

[읽기 활동]

글 없는 그림책은 이미 그림책 작가의 의도가 담겨 있는 하나의 작품이지만, 학생들이 읽고 다양하게 해석함으로써 새로운 작품이 만들어질 수 있습니다. 먼저 책을 선정하고 탐색할 시간을 충분히 줍니다. 글이 없기 때문에 집중도가 떨어집니다. 이때 잔잔한 음악을 배경음으로 깔면 학생들이 그림을 찬찬히 보며 탐색하는 데 도움이 됩니다.

[표현 활동]

다양한 크기의 포스트잇을 준비하고 해설글, 대화글, 의성어, 의태어 표현 문구를 포스트잇에 적게 합니다. 책의 각 페이지마다 포스트잇을 붙여 가며 이야기를 만들어 봅니다. 주인공의 대화글이라면 주인공 근처에 대화글을 쓴 포스트잇을 붙이고, 그 장면에 대한 해설은 페이지 상단 왼쪽이나 빈 공간을 활용합니다. 모둠별로 이야기를 짓다 보면 주제와 다르게 이야기가 흘러갈 수 있으니 반드시 소주제에 맞게 이야기를 전개하도록 지도합니다. 이야기 짓기 활동이 진행될수록 학생들은 주인공의 말 주머니 만들기는 쉽게 하는 반면, 페이지마다 장면에 대한 해설 쓰기를 어려워합니다. 이럴 때 어떤 내용을 담고 싶은지 모둠원들과 의견을 나누고 정리해서 써 보도록 지도합니다. 그러면 더욱 수월하게 장면 해설 글을 쓸 수 있습니다.

[수업 후기]

이 수업을 통해 학생들의 그림책 보는 관찰력이 월등하게 높아지는 것을 볼 수 있습니다. 또 학생들이 직접 만들어 나가는 이야기를 통해 상상력을 극대화시킬 수 있습니다.

그림을 보면서 자신만의 이야기를 만들어 보는 과정에서 어휘력이 향상되고, 세부 그림을 관찰하며 추론해야 하므로 관찰력과 집중력이 자연스럽게 길러집니다. 다양한 문화와 배경이 담긴 그림책을 통해 다른 문화를 이해하고 존중하는 태도를 배울 수 있습니다.

글 없는 그림책에 이야기를 붙여 글 '있는' 그림책을 완성한 후, 학교도서관에 전시하여 많은 학생들이 읽어 볼 수 있도록 했습니다. 학생들은 글이 없는 그림책을 글과 함께 읽어 나가며 또 다른 재미를 발견했습니다.

> **수업 tip**
> 글이 없는 그림책이기 때문에 그림이 너무 적거나 너무 많으면 어려울 수 있습니다. 교사가 미리 글 없는 그림책을 분석해 보고 학생들의 수준에 맞춰서 이야기가 잘 흘러갈 수 있을 만한 책으로 선정해야 합니다.

글 없는 그림책

도서	저자	출판사
곰과 새	김용대	길벗어린이
구름 공장	유지우	책읽는곰
나무집	마리예 톨만	여유당
노란 나비	올렉산드르 샤토킨	노란코끼리
다시, 밖으로	엔히키 코제르 모레이라	풀빛
달 체험학습 가는 날 / 바다 체험학습 가는 날	존 헤어	행복한그림책
박물관에서	바림	봄볕
비늘과 파편	김수진	노란상상
비밀의 문 / 끝없는 여행 / 머나먼 여행	에런 베커	웅진주니어
비밀의 숲 코끼리 나무	프레야 블랙우드	미디어창비
불 끄기 대작전	아서 가이서트	보림
세상에서 가장 용감한 소녀	매튜 코델	비룡소
하늘에서 동아줄이 내려올 줄이야	최민지	모래알

글을 읽고 그림으로 표현하는 그림 문해력

3, 4학년	#이해(인물·사건·배경·표현) #추론	교사가 읽어 주기
수업 주제	그림책 문장을 읽고 그림으로 표현하기	
수업 목표	읽은 내용을 그림으로 표현할 수 있다.	
준비물	『도둑을 잡아라!』, 필기도구, 색칠도구, A4용지	

 글을 읽고 그림으로 표현하는 능력이 그림 문해력입니다. 그림 문해력은 글을 읽고 자신의 생각을 시각적으로 표현하는 활동을 통해 기를 수 있습니다. 주어진 문장이나 글을 읽고 해석하고 다양한 방법으로 표현하는 과정을 통해 시각적 이해력 개발, 창의력 향상, 기억력 개선, 문제해결능력 향상, 자아 표현 및 자기 이해 증진, 인지 능력 향상 등의 효과를 거둘 수 있습니다.

[함께 읽을 책]

『도둑을 잡아라!』 박정섭, 시공주니어

『도둑을 잡아라!』는 돈을 잃어버린 아주머니가 경찰에 신고하면서 이야기가 시작됩니다. 목격자들을 통해 뚱뚱한 남자, 촌스런 빨간 안경을 낀 남자, 대머리인 남자, 단추가 3개 달린 연두색 양복을 입은 남자라는 도둑의 인상착의를 알게 됩니다. 잠시라도 한눈을 팔면 숨어 있는 도둑을 찾아내기 어렵습니다. 목격자들의 진술을 통해 경찰이 잡은 용의자는 6명입니다. 그중 범인이 누구인지 그림을 보면서 찾아보는 재미가 있는 그림책입니다. 도둑, 경찰이란 소재는 학생들에게 흥미로운 소재라 아이들이 이야기 초반부터 집중하며 읽습니다. 그리고 그림책 속에 등장하는 많은 사람들 속에서 범인을 찾다 보면 동네 사람들의 다양한 삶의 이야기를 보는 재미도 누릴 수 있습니다.

[독서 전 활동]

책을 읽기 전 표지를 탐색해 봅니다. 표지에 등장하는 도둑의 얼굴을 보며 도둑의 모습을 상상해 봅니다. 첫 페이지와 면지에는 도둑의 파란 신발이 나오는데 그 신발은 도둑에 관한 결정적인 힌트입니다. 표지는 오래 보여 주지 않고, 얼른 다음 장으로 넘깁니다. 표지를 자세히 들여다보면 특정한 도둑의 얼굴이 보이기 때문입니다. 학생들이 도둑을 눈치 채지 못하게 빠르게 넘어갑니다. 교사가 내용을 읽어 주면 학생들이 용의자 몽타주를 그려 나갑니다. 진짜 도둑을 찾아내기 위해 목격자의 진술이 나올 때마다 범인과 유사한 모습의 사람들도 같이 등장하기 때문에 학생들에게 책 속 그림을 충분히 관찰할 수 있는 시간을 주어야 합니다.

[표현 활동]

학생들은 목격자의 진술을 통해 그림책 속에 등장하는 도둑이 누구인지 찾아 나갑니다. 목격자가 진술할 때마다 그 진술 내용(문장)을 파악하고 몽타주를 그립니다. '첫 번째 목격자의 말'만 듣고 몽타주를 그립니다. 그린 후에 '두 번째 목격자의 말'을 듣고 그림을 이어 나갑니다. 목격자의 진술이 추가될 때마다 안경-치아-머리-몸 순으로 몽타주를 하나씩 그립니다.

❶ 첫 번째 목격자의 말

"꼬마야, 방금 뛰어간 뚱뚱한 남자를 봤니?"

"음, 아주 촌스러운 빨간 안경을 끼고 봉 치과 쪽으로 가던걸요."

 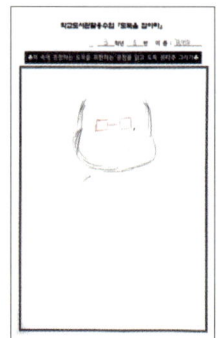 

❷ 두 번째 목격자의 말

"꼬마야, 촌스러운 빨간 안경을 끼고 뛰어가는 뚱뚱한 남자를 봤니?"

"아, 번쩍번쩍한 치아 교정기를 끼고, 미래 이용원 쪽으로 뛰어가는 걸 봤어요."

 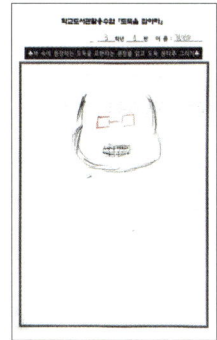 

❸ 세 번째 목격자의 말

"꼬마야! 촌스러운 빨간 안경에, 번쩍번쩍한 치아 교정기를 낀 뚱뚱한 남자를 봤니?"

"아, 파리도 미끄러질 만큼 번들번들한 대머리 아저씨요?"

 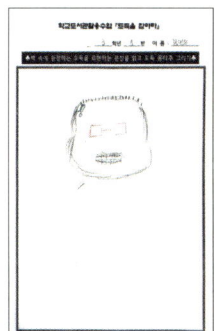 

❹ 네 번째 목격자의 말

"꼬마야, 촌스러운 빨간 안경에, 번쩍번쩍 치아 교정기를 끼고, 파리도 미끄러질 만큼 번들번들 대머리인 뚱뚱한 남자를 봤니?"

"연두색 양복에 하얀 단추 3개 달려 있었어요. 내 옷엔 단추가 8개나 되는데!"

『도둑을 잡아라!』 마지막 장면에는 총 6명의 용의자가 나옵니다. 학생들은 자신이 그린 몽타주와 책 속 용의자를 비교해 보면서 즐거워합니다. 누가 도둑인지 찾는 과정에서 그림책 속 그림에 집중합니다.

[수업 후기]

학생들은 그림책 속 목격자의 말을 읽고 자신이 해석하고 상상한 대로 몽타주를 하나씩 추가했습니다. 학생들은 그림책 속 목격자의 진술뿐 아니라 그림에 집중하며, 등장하는 사람들의 표정과 행동도 분석하면서 관찰한 것들을 말로 자연스럽게 표현했습니다. 내성적인 학생들도 자신이 예측하는 도둑의 모습을 언어로 표현하게 됩니다.

[문해력 수업 더하기]

읽은 내용을 바르게 이해하고 표현하는 과정을 반대로 적용해도 재미있는 수업이 됩니다. 그림책의 한 장면을 보고 짐작한 내용을 글로 표현하는 활동입니다. 그림 속 장면을 이야기로 만들어 내는 과정에서 상상력이 크게 자극되고 세부 묘사를 통해 창의적 사고를 하게 할 수 있습니다.

아래 그림은 『오늘은 무슨 옷을 입을까?』의 표지입니다. 보기를 활용해 주인공의 모습을 묘사해 봅시다.

어느 날 아침 잠에서 깬 엘라가 말했어요.
"오늘은 ☐☐☐☐☐ 바지랑 ☐☐☐☐☐를 입고
☐☐☐☐☐ 양말에 ☐☐☐☐☐를 신어야지.
그런 다음 ☐☐☐☐☐ 써야겠다."

-보기-
빨간색 분홍색 노란색 보라색 초록색 분홍색 파란색 보라색 검정색
흰색 주황색 연두색 원피스 치마 티셔츠 멜빵바지 롱티셔츠 모자 신발
운동화 구두 슬리퍼 샌들 썬캡 안경 물방울 꽃무늬 줄무늬 민무늬
나뭇잎 숫자 꽃 레이스 땡땡이

속담 책을 활용하여 말하고 쓰는 문해력 키우기

2, 3학년	#어휘	필요한 정보 찾아 읽기
수업 주제	속담 책 읽고, 말하고 쓰는 문해력 키우기	
수업 목표	속담 카드를 활용한 나만의 속담 만들기 활동으로 재미있게 속담을 학습할 수 있다.	
준비물	속담 관련 도서, 속담 카드(공카드), 활동지, 포스트잇	

속담은 예로부터 전해 내려오는 간결하고 의미 있는 격언이나 잠언을 말합니다. 속담 안에는 풍자와 비판, 교훈, 해학이 담겨 있으며, 생활 속 다양한 지식과 경험, 문화와 풍습이 생생하게 녹아 있습니다. 속담을 잘 활용하여 글쓰기를 하면 글을 더 풍부하고 재미있게 표현할 수 있습니다. 비유와 상징이 담긴 표현은 글에 깊이를 더해 주어, 더욱 풍부한 글쓰기 활동이 됩니다. 길게 설명하거나 복잡한 상황을 표현할 때, 속담을 사용하면 간결하고 효과적으로 전달할 수 있습니다. 속담 책을 읽고 글로 녹여 쓰기 활동을 통해 배우고 익힌 속담을

실제 상황에서 잘 활용하면, 어휘력과 국어 실력이 크게 향상되는 것을 느낄 수 있습니다.

[속담 카드로 말하는 퀴즈]

초등학교 교육과정은 속담을 많이 다루고 있습니다. 속담은 자신의 생각을 효과적으로 표현할 수 있는 좋은 도구입니다. 많은 속담 중에 요즘 나의 상황을 이야기할 수 있고 마음에 와 닿는 속담을 찾아 메모하도록 합니다. 비어 있는 카드에 각자 찾은 속담과 뜻을 적게 한 뒤 모아서 함께 '속담 카드로 말해요' 퀴즈 게임을 진행합니다.

> **'속담 카드로 말해요' 퀴즈 게임 규칙**
> 1. 속담 책을 보고 각자 속담 카드를 만든다.
> 2. 만든 속담 카드를 모아 섞은 다음 한 명씩 무작위로 뽑는다.
> 3. 카드를 뽑은 사람은 속담 카드 속 속담을 넣어 어울리는 상황을 말한다.
> 4. 성공하면 속담 카드 1장 획득! 많은 속담 카드를 획득한 사람이 우리 반 속담왕!

[나만의 속담 만들기]

속담 중 하나를 정해 일부를 바꾸어 나만의 속담을 만드는 활동은 학생들이 속담의 의미를 깊이 이해하며 내면화하는 데 도움을 줄 수 있습니다. 기존 속담을 전부 바꾸어 뜻까지 바뀌지 않도록 일부는 남기고 비유적인 단어 일부만 바꿀 수 있도록 안내합니다. 속담을 나의 상황에 걸맞은 속담으로 바꾸어 봄으로써 기존 속담을 더 잘 기억하고

[활동지1]

속담 카드로 말하기

학년   반   이름:

1. 속담 카드를 만들고, 한 명씩 속담 카드를 뽑아 속담을 넣어 어울리는 상황을 말합니다.

속담 카드	속담 카드
속담 :	속담 :
뜻 :	뜻 :

속담 카드	속담 카드
속담 :	속담 :
뜻 :	뜻 :

[활동지2]

나만의 속담 만들기

학년   반   이름:

1. 원래 속담의 일부를 바꾸어 나만의 속담을 만들어 보세요.

원래 속담	(예시: 개똥도 약에 쓰려면 없다.)
	뜻: (아주 흔한 무언가도 정작 사용하려면 없다.)
나만의 속담으로 바꾸어 쓰기	(예시: 자도 선 그을 때 찾으면 없다.)
	뜻: (보통 때에는 하찮게 여겨 소중함을 몰랐던 것도 급하게 쓸 데가 있어 찾으면 없다.)

비슷한 속담 모여라!

비슷한 속담을 적은 포스트잇을
여기에 붙여 주세요.

*친구가 쓴 속담과 비슷한 속담이 있으면 포스트잇에 써서 붙여 주세요.

활용할 수 있습니다. 속담에 담긴 비유적이고 상징적인 표현을 깊이 이해함으로써 옛사람들의 지혜를 배우고, 자신의 생각을 멋지게 표현할 수 있게 될 것입니다. 후속 활동으로 모둠별 친구의 활동지를 잘 살펴보며 비슷한 속담이 생각나면 포스트잇에 적어 붙이면서 이야기 나누는 시간을 갖습니다. 유사한 속담끼리 모아서 익히면 학습력이 향상될 수 있습니다.

[수업 후기]

속담을 잘 알고 활용하면 어휘 능력이 향상 됩니다. 속담 관련 도서를 쭉 훑어보면서 잘못 알고 있는 속담이나 미처 몰랐던 속담을 알아볼 수 있었습니다. 게임 형식으로 익힌 속담을 말해 보는 실전 활동과 나만의 속담으로 바꾸어 써보는 학습은 학생들의 속담 이해력 증진에 도움이 되었습니다. 말맛과 글맛을 살리는 속담 학습은 말하고 쓰는 문해력을 키울 수 있는 친숙하고 강력한 도구입니다.

초등학생 속담 관련 추천 도서

도서	저자	출판사
그래서 이런 속담이 생겼대요	우리누리	길벗스쿨
나비의 속담 모험	보리 편집부	보리
놓지 마 속담 1, 2	신태훈	주니어김영사
바로 알고, 바로 쓰는 빵빵한 어린이 속담 1, 2	현상길	유앤북
비밀요원 레너드 우리말 사무소 1, 2	이향안	아울북
속담의 비밀	이동은	이북스미디어
속담이 백 개라도 꿰어야 국어왕	강효미	상상의집
속담 천재가 되다!	Mr.Sun 어학연구소	올드스테어즈
유행어보다 재치 있는 우리 100대 속담	이규희	삼성출판사
EBS 초등 어맛! 속담 맛집	홍옥	EBS BOOKS
이은경쌤의 사자성어 속담 일력 365	이은경	포레스트북스
읽으면서 바로 써먹는 어린이 속담	한날	파란정원
콩나물쌤과 함께하는 문해력 속담왕	전병규	그린애플

365일 무슨 책 읽지? 책 일력 함께 만들기

3, 6학년	#줄거리요약	자기 선택적 읽기
수업 주제	책 일력에 추천 도서 함께 작성하기	
수업 목표	책 일력에 나만의 추천 도서를 작성할 수 있다.	
준비물	학교도서관 책, 책 일력표 활동지	

바야흐로 다양한 주제의 일력 도서 전성시대입니다. 서점에서 쏟아져 나오는 여러 주제의 일력 도서를 보고, 우리 학교도서관에서 우리가 주체가 되어 추천 도서 일력을 만드는 활동을 함께하면 의미가 있지 않을까 싶어 수업을 기획해 보았습니다.

[책 일력 작성으로 365일 추천 도서 함께 만들기]

우선 학생들에게 일력이란 그날의 날짜, 요일, 일진 따위를 각각 한 장에 적어 매일 한 장씩 떼거나 젖혀 보도록 만드는 것이라는 표준국어대사전의 의미를 짚어 줍니다. 그리고 일력 형태의 도서들을 직접 펼쳐서 보여 줍니다. 한자, 어휘, 영어, 속담, 놀이 등 다양한 일력 도서들이 쉽게 젖혀 볼 수 있도록 스프링 제본 형태로 되어 있음을 확인합니다.

학생들이 책의 형태를 인지하고 나면 각자 추천하고 싶은 책을 떠올리게 합니다. 이 책을 언제 읽으면 좋을지 한 번 더 생각해 보고 책 일력표 활동지에 작성하도록 합니다. 읽은 책 중에서 한 권을 신중하게 선정하고, 책 제목과 한 줄로 요약한 줄거리를 적어 제출하게 합니다. 책 소개 그림도 첨가하도록 하면 추천 도서에 대한 흥미가 배가됩니다. 책 일력 활동지의 달과 날짜의 중복이 있는지 살펴봅니다. 중복된 부분은 적절하게 조정하면서 365일 추천 도서 책 일력을 정리하여 완성합니다.

[수업 후기]

교과선생님이나 권위 있는 단체가 추천한 도서 목록을 가지고 책을 찾으러 오는 학생이 종종 있습니다. 그런 목록에는 교과 관련 도서나 학습에 도움이 되는 책이 많이 포함되어 있습니다. 이런 책들은 대체로 학생들의 흥미와 현재의 관심사를 잘 반영하지 못해 아쉬움이 남습니다. 그래서 이번 문해력 수업은 책을 향한 학생들의 관심을 높이는 것을 가장 중요시하며 진행했습니다.

같은 시대를 살아가는 또래 친구들이 추천하는 도서 목록을 함께 만들어 공유하면서, 학생들은 그동안 책에 관심이 없었던 것이 아니라는 것을 자연스럽게 깨닫게 되었습니다. 자신의 관심사를 제대로 반영한 책을 찾지 못해 책에 대한 흥미를 잃었던 학생도 있었습니다.

> **수업 tip**
>
> 책 일력의 추천 도서는 그림책부터 글밥이 많은 책까지 모두 포함시키며 문학, 비문학 비율을 적절히 맞출 수 있도록 안내를 합니다. 책 일력표가 완성되었다면 눈에 잘 띄는 출입구 근처에 배치를 하고, 학생들의 책의 접근성을 높이기 위해 실물 책도 함께 볼 수 있도록 전시합니다.
> 스프링 방식으로 추천 도서를 엮어 책 일력을 만들기 때문에 완성 후에도 수정이 용이합니다. 간혹 책 일력 완성 후 추천 도서를 바꾸고 싶어하는 학생들이 있다면 너그러이 변화된 마음을 인정해 주며 새로운 추천 도서 활동지를 건네 줍니다.

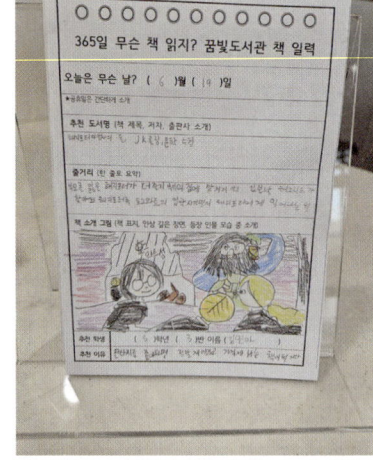

활동지 예시

[활동지]

추천 도서를 적고, 줄거리를 한 줄로 요약해서 적어 주세요.

365일 무슨 책 읽지? 책 일력

학년   반   이름:

오늘은 무슨 날? (   )월 (   )일
추천 도서명(책 제목, 저자, 출판사 소개)
줄거리(한 줄 요약)
책 소개 그림(책 표지, 인상 깊은 장면, 등장인물 모습 중 골라서 소개)
추천 이유

다양한 주제의 일력 도서

도서	저자	출판사
365 너의 수학력을 응원해	장석봉	궁리
공부 자극 일력	뜨인돌 편집부	뜨인돌
기적의 초등어휘일력 365	하유정	빅피시
나태주, 시간의 쉼표	나태주	서울문화사
민주쌤의 매일 놀이 일력 365	이민주	카시오페아
산리오캐릭터즈 초등 매일 한자 일력	김아미	아이스크림북스
이서윤쌤의 초등한자어휘 일력	이서윤	메가스터디북스
이은경쌤의 초등어휘일력 365	이은경	포레스트북스
이은경쌤의 초등영어회화 일력 365	이은경	포레스트북스
초등 경제용어 일력 365	옥효진	매일경제신문사
초등 미니 논술 일력 365	오현선	서사원주니어
초등 일력 오늘 역사 : 시대별 인물	이투스에듀 사회개발팀	이투스북
초등 필수 맞춤법 일력 365	이주윤	한경키즈
초등환경일력 365	초등환경교육연구회	시대인
최태성의 365 한국사 일력	최태성	프런트페이지
하루 한 문장, 고전 명작 일력	이지영	서사원
하루 한 장 365 인문학 일력	김종원	청림Life

다양한 주제의 일력 도서를 활용한 문해력 신장 방법

1. 주제별 독서
어휘, 언어, 인문 역사, 수학, 문학 등 다양한 주제의 일력 도서 골고루 읽기

2. 일기 쓰기
인상 깊은 책 속 어휘, 문장을 선택하여 일기 형식의 글쓰기

3. 퀴즈
해당 도서의 내용을 바탕으로 친구 혹은 가족과 퀴즈 만들어 풀기

4. 요약하기
새롭게 알게 되거나 몰랐던 내용을 요약하고 정리하여 주요 내용 파악하기

5. 창의적 표현
읽은 내용을 그림이나 인포그래픽 등 시각적으로 표현하여 기억하기

6. 독서 클럽
또래 친구들과 함께 독서 클럽을 만들어 함께 책을 읽고 생각을 나누고 다양한 관점 배우기

1부

**문해력
씨앗 틔움**

- 2장 -

참고도서를 활용한

문해력 교육

문해력은 단순히 읽고 쓰는 능력을 넘어서 정보를 이해하고 활용할 수 있는 능력을 포함합니다. 이를 위해서는 단행본 도서를 넘어 다양한 자료를 활용한 체계적인 글쓰기 교육이 필요합니다. 신문, 잡지 등의 정기간행물은 최신 정보와 다양한 주제의 글을 제공하기에 학생들은 정기간행물의 기사 분석, 요약, 비평 등의 활동을 통해 비판적 사고력과 문해력을 기를 수 있습니다. 국어사전을 활용하여 새로운 단어의 뜻을 찾아보고 그 단어를 문장에 적용하는 연습을 하면 어휘력이 향상되고, 단어의 정확한 의미와 사용법을 익히면 문해력 향상에 도움이 됩니다. 다양한 전문 분야의 내용을 사진 자료나 일러스트 등과 함께 제시하는 도감은 학생들의 호기심을 자극하고 관찰력과 표현력을 기를 수 있는 재료가 됩니다. 이 장에서는 학생들의 수준과 관심사를 고려하여 정기간행물, 국어사전, 도감 등의 적절한 자료를 선택하고 체계적인 글쓰기 활동을 통해 문해력을 효과적으로 교육하는 방법을 소개합니다.

신문 기사로
정보 문해력 기르기

4~6학년	#줄거리요약 #이해(인물·사전·배경·표현) #어휘 #추론 #디지털문해력	요약하며 읽기
수업 주제	신문 기사 읽고 정보 문해력 기르기	
수업 목표	신문 기사를 요약하고 내 생각을 글로 표현할 수 있다.	
준비물	어린이 신문, 활동지	

[기사문의 성격과 구조 파악하기]

읽기는 다양한 사회·문화적 맥락에 속한 공동체 구성원들이 상호 작용하며 의미를 구성하는 과정입니다. 특히 신문 기사는 사회적 읽기를 하기에 훌륭한 도구입니다. 정보 전달을 목적으로 하는 신문 기사는 문자, 사진 등 다양한 자료가 어우러진 읽기 자료입니다. 신문 기사 내용의 타당성을 따져보기 위해서는 신문 기사의 구조를 살펴보아야 합니다. 기사문의 구조는 3가지 항목으로 나눌 수 있습니다. 신문을 읽기 전, 학생들에게 신문 기사의 구조를 설명합니다.

표제	기사문의 제목 - 사건의 핵심을 압축적으로 표현한 문장으로 작성 - 독자의 관심을 끌 수 있는 문장으로 작성
전문	기사의 내용을 요약하여 작성하는 부분 - 기사의 핵심 내용이 드러남 - 전문만 읽고도 기사의 전체적인 내용을 예측하고 파악할 수 있어야 함
본문	사건이나 상황을 구체적으로 서술하는 부분 - 효과적인 정보전달을 위해 사진, 통계 등 자료를 활용함

출처: doopedia(두산백과)

[기사문 읽기]

글의 구조에 대한 이해가 선행되어야 순조로운 요약 활동이 이루어지기 때문에 신문 기사 읽기 활동이 처음인 경우 학생들에게 기사문의 구조를 나누어 설명하고 읽는 방법을 안내해야 합니다.

첫째, 기사문을 읽을 땐 문단을 나누어 읽도록 합니다. 문단별로 중요하다고 생각하는 문장에 밑줄을 치며 읽습니다. 중요한 문장에 밑줄을 치는 것을 어려워하는 아이에겐 글을 쓰는 사람이 중요하게 말하고자 하는 바는 서두에 나온다는 힌트를 줍니다.

둘째, 어렵거나 정확한 뜻을 모르는 낱말에 'O' 표시를 하며 읽게 합니다. 정보가 담긴 글 읽기가 서툰 아이들에게 내용을 정확하게 이해시키고 읽기 활동 후 내용의 타당성을 평가하기 위함입니다.

빅카인즈 활용하기(웹 기사문)

수업 활동을 위해 학생들이 읽기에 적절한 신문 기사를 찾는 일은 쉽지 않습니다. 이럴 땐, 로그인 없이 손쉽게 다양한 주제 및 키워드별, 언론사별, 기간별로 기사를 검색해 원문을 읽을 수 있는 '빅카인즈'를 활용해 보세요. 빅카인즈는 어린이 신문 중 〈소년한국일보〉를 제공합니다.

빅카인즈(bigkinds.or.kr)

[기사문 요약하기]

기사 요약 전에 어려운 낱말은 국어사전을 찾아보고 뜻을 익힌 후 다시 문장을 읽으며 문맥 속에서 어휘를 익히도록 합니다. 밑줄 친 중요한 문장을 중심으로 기사문을 요약하게 합니다. 요약하기 활동을 어려워하는 아이들은 처음엔 밑줄 친 문장을 나열하고, 문장과 문장을 부드럽게 연결해 다듬는 것만으로도 충분합니다.

[생각 표현하기]

요약 활동 후에는 기사문에 대한 자신의 생각을 표현하도록 합니다. 2~3줄 정도로 짧아도 괜찮고, 자신의 생각과 그렇게 생각한 이유가 드러나면 됩니다. 생각 표현을 어려워하는 아이들에게는 기사문 중 공감하거나 공감되지 않는 내용, 새롭게 알게 된 내용, 이미 알고 있었던 내용에 대해 짧은 글을 쓰도록 지도합니다.

[수업 후기]

신문은 흔한 읽기 자료지만 인터넷이 아닌 지면에 실린 기사문을 꾸준히 접하고 읽는 학생은 거의 없을 것입니다. 저는 학생들에게 접근이 쉽고 정보와 지식이 담겨 있는 기사문을 꾸준히 읽도록 권장합니다. 기사를 꾸준히 읽으면 정보를 비판적으로 받아들이고, 정보를 자신의 것으로 만들어서 자신만의 의견을 형성하는 진정한 문해력을 기를 수 있기 때문입니다.

> **수업 tip**
>
> 학생 스스로 기사문을 선택해도 좋지만 처음 기사문 읽기를 시작할 때는 교사가 잘 정렬된 기사문을 선택해서 주는 것이 좋습니다. 기사문의 구조에 대해 설명하면서 시작하는 것이 기사문 읽기에 대한 학생들의 흥미를 돋우는 데 도움이 됩니다.

[활동지]

신문 기사 읽고 정보 문해력 기르기

(기사문 붙이기)	〈어려운 낱말〉
	○
	뜻:
	○
	뜻:
	○
	뜻:

신문 기사에 대한 정보를 정리해 보세요.

발행사		날짜	
표제			
전문			

밑줄 친 문장을 중심으로 문단의 내용을 요약해 보세요.

1문단	
2문단	
3문단	

기사의 핵심 내용이 드러나도록 나의 언어로 전문을 만들어 보세요.

★전문: 기사의 핵심 내용이 드러나는 부분으로 기사의 표제 밑에 위치한다.
특정 신문 기사의 전문만 읽고도 기사의 전체 내용을 예측하고 파악할 수 있다.

어린이 신문 추천

종류 (일/주간)	신문 이름	발행처	비고	웹사이트
주간	소년중앙	중앙일보	시사용어, 시사한자 특화	sojoong.joins.com
일간	소년 한국일보	한국일보	사자성어, 속담, 상식에 특화	www. kidshankook.kr
주간	알바트로스 미래인재신문	알바트로 스뉴스	미취학~중고생 수준 선택 가능	blog.naver.com/ albatrossnews
주간	어린이 경제신문	서울경제 신문	경제 외 다른 주제 분야 기사 수록	www.econoi.com
일간	어린이 동아	동아일보	초등 중학년 추천	kids.donga.com
일간	어린이 조선일보	조선일보	초등 고학년 추천	kid.chosun.com

※ 가격 및 구독 방법은 발행처의 상황에 따라 달라지니 발행처에 문의하고 학교, 가정 특성에 따라 선택해 보세요.

※ 한국언론진흥재단(www.meca.or.kr)도 참고해 보세요. 미디어 교육을 지원하는 교사용 연수와 NIE 교육 자료가 가득합니다. 시일에 따라 기사문 검색, 본문을 무료로 제공하는 교육공모사업도 운영합니다.

정기간행물 기사 읽고 워드클라우드 만들기

5, 6학년	#줄거리요약 #어휘	요약하며 읽기
수업 주제	정기간행물 기사문을 읽고 중요한 어휘 및 내용 파악하기	
수업 목표	정기간행물 기사문을 읽은 후 소제목을 붙이고 워드클라우드를 만들 수 있다.	
준비물	정기간행물, 활동지	

[정기간행물 기사문 읽고 소제목 붙이기]

정기간행물을 활용한 수업을 위해 학생들에게 기사를 읽고 요약을 하라고 했더니 어떤 학생은 문장을 그대로 옮겨 씁니다. 초등학교 4학년 1학기 국어에 '내용을 간추려요' 단원이 있긴 하지만, 글을 읽고 자신의 언어로 중요 내용을 짧게 요약하는 것은 아이들에게 쉽지 않습니다. 그래서 기사문을 한 문단씩 끊고, 각 문단에 소제목을 붙이도록 했습니다. 이미 소제목이 붙어 있는 기사문은 소제목을 지우고 글만 제공했습니다. 정기간행물 기사의 좋은 점은 짧은 글로 내용을 전달해야 하기 때문에 문단마다 선명한 주제를 압축적으로 제공한다는 점입니다. 따라서 소제목을 붙이기도 훨씬 수월합니다.

곁다리 내용을 과감하게 쳐내고 중요한 핵심 내용을 소제목으로 정하는 과정에서 아이들이 가장 많이 한 질문은 "이 내용을 쓰지 않아도 되는 걸까요?"였습니다. 정보를 주는 기사문이다 보니 어떤 것이 중요한지 파악하지 못한 것이지요.

소제목 붙이기를 어려워하는 학생들이 있어서, 문단마다 소제목을 붙인 기사문을 제시한 후 기사의 각 문단에서 소제목을 부연 설명할 수 있는 문장을 찾아서 형광펜으로 표시하는 활동도 진행했습니다. 또한 중요 내용을 묻는 질문을 만들어서 제공해 주기도 했습니다.

소제목 붙이기 활동을 하면서 느낀 점이 있습니다. 첫째, 아이들에게 양질의 기사문을 많이 읽어 보게 해야 한다는 것입니다. 문단마다 소제목을 붙인 예시를 자주 접해 보아야 짧은 문단의 중요한 내용을 파악하기가 수월해지기 때문입니다. 둘째, 교사의 발문도 중요합니다. 글만 제공하면서 요약하라고 하면 아이들은 전혀 감을 잡지 못합니다. 각 문단의 중요한 내용을 파악할 수 있는 힌트를 제공해 줄 필요가 있습니다. 아이들마다 수준이 달라서 세심한 지도를 하지 않으면 중간에 포기하려는 아이가 생기기 때문입니다. 출발점이 모두 다른 아이들 각자의 문해력 근육을 키우기 위해서는 개별 지도가 필요합니다.

[워드클라우드 만들기]

기사문을 읽으면서 기사문에 사용된 낱말들을 적고, 우선순위를 생각해 보게 합니다. 워드클라우드에는 기사문의 모든 낱말이 들어가도 되지만, 기사문의 주제와 가장 관련이 깊은 낱말을 1순위로 해서 가장 큰 글자로 눈에 띄게 표현해야 합니다. 학생들이 기사문의 모든 낱말을 순위별로 나열하기에는 무리가 있습니다. 주제를 강하게 표현하는 낱말을 1위부터 5위까지만 정하게 하고, 그 뒤로는 자유롭게 기사문에 사용된 낱말들을 쓰도록 해도 됩니다. 1위부터 5위까지의 낱말은 워드클라우드에 크고 눈에 띄게 표현하고, 나머지 낱말들은 워드클라우드를 채우는 데 사용합니다.

워드클라우드 예시

[수업 후기]

대부분의 공공도서관 및 학교도서관에서는 정기간행물을 구독하고 있으나, 이용자들의 인지도가 떨어져 이용률이 낮은 편입니다. 수업 시간에 아이들에게 정기간행물의 의미와 좋아하는 주제의 정기간행물을 꾸준히 읽는 것의 장점을 알려 주세요. 관심 있는 분야의 정기간행물을 직접 찾아 읽는 습관을 들인다면 문해력 향상에 큰 도움이 될 것입니다.

[활동지1]

학년 반 이름:

정기간행물 기사 읽기

기사문의 중요한 내용에 밑줄을 치고, 소제목을 붙여 봅시다.

소제목: _____

기사문을 붙여 주세요.

소제목: _____

기사문을 붙여 주세요.

소제목: _____

기사문을 붙여 주세요.

[활동지2]

학년   반   이름:

정기간행물 기사로 워드클라우드 만들기

1. 기사문에 사용된 낱말들의 중요도 순위를 매겨 봅시다.

1.	2.	3.	4.	5.
6.	7.	8.	9.	10.
11.	12.	13.	14.	15.
16.	17.	18.	19.	20.
21.	22.	23.	24.	25.

2. 낱말의 중요도를 생각하며 워드클라우드를 만들어 봅시다.

수업 tip
학생 스스로 정기간행물에서 기사를 골라도 좋지만, 교사가 미리 기사를 골라서 복사해 나누어 주는 것도 좋습니다. 짧은 문단으로 이루어진 기사를 준비하면 소제목 붙이기에 도움이 됩니다.

초등학교 도서관에서 구독하면 좋은 정기간행물

제목	발행주기	출판사	주제
개똥이네 놀이터	월간	보리	인문/사회
과학소년	월간	교원	과학일반
논술 위즈키즈	월간	교원	독서/논술
베스트일레븐	월간	㈜베스트일레븐	스포츠/체육
시사원정대	월간	동아이지에듀	시사/뉴스
초등 독서평설	월간	지학사	독서/논술
톡톡 Talk Talk	월간	크레몽	진로/인문

책 속 낱말로 만든 국어사전, 책말사전

3학년~6학년	#어휘	국어사전에서 낱말 뜻 찾아 읽기
수업 주제	책으로 만드는 국어사전	
수업 목표	책 속에서 어려운 낱말을 찾고 그 뜻을 이해할 수 있다.	
준비물	국어사전, 활동지, 학교도서관 소장 자료	

책과 국어사전을 접목시키는 교육활동에 대해 고민해 보았습니다. 학생들이 학교도서관에서 책을 한 권 고른 다음, 그 책에서 어려운 낱말을 찾는 활동을 설계했습니다. 이른바 '책말사전'으로, 낱말의 뜻을 국어사전에서 찾아 새로운 국어사전을 만들어 보는 활동입니다. 이 활동은 학생들이 학교도서관 소장 자료 중 하나를 고르는 탐색부터 시작됩니다.

교육활동 순서
1. 학교도서관에서 마음에 드는 책을 고른다.
2. '훑어보기'를 한다.
3. 어려운 낱말을 하나 선택한다.
4. 고른 책 관련 정보를 적는다.
5. 그 낱말이 적힌 문장을 발췌한다.
6. 그 낱말의 뜻을 국어사전을 통해 찾아 적는다.
7. 내가 고른 낱말을 가지고 새로운 문장을 만들어 본다.
8. 낱말과 관련된 이미지를 그린다.

- 내가 찾은 낱말: 내가 고른 책 안에서 낱말을 골라 적습니다.
- 낱말 뜻&풀이: 국어사전을 통해 해당 낱말의 뜻을 찾아 적습니다.
- 낱말이 들어 있는 책 속 문장: '내가 찾은 낱말'이 들어간 문장을 따라 씁니다.
- 낱말의 뜻을 그림으로 표현하기: 해당 낱말의 뜻이나 상황을 그립니다.
- 서지사항: 책 제목, 지은이, 발췌한 문장의 쪽수를 적습니다.
- 내가 찾은 낱말로 새로운 문장 만들기: '낱말이 들어 있는 책 속 문장'을 적어본 후 심화활동으로 자신이 고른 낱말을 활용해 새로운 문장을 만들어 봅니다.

[수업 후기]

학교도서관에서 수업을 할 경우, 학생들은 교실이 아닌 다른 공간에서 수업을 하기 때문에 다른 때보다 더 즐거워합니다. 그리고 학교도서관을 조용히 책을 읽어야 하는 공간만이 아니라, 책을 충분히 탐색

[활동지]

학년   반   이름:

■ 내가 찾은 낱말

■ 책 정보(서지사항)

책 제목
_____

지은이
_____

쪽수
_____

■ 낱말의 뜻을 그림으로 표현하기

■ 낱말 뜻 또는 풀이
_____
_____
_____
_____

■ 낱말이 들어 있는 책 속 문장
_____
_____
_____

■ 내가 찾은 낱말로 새로운 문장 만들기

하고 친구들과 어떤 책 이야기를 나누는 소통의 공간으로 마주할 때 학교도서관은 학생들에게 더 친근한 곳이 됩니다.

국어사전 만들기는 '책 읽기'가 아닌 '책 활용하기' 활동이기 때문에 학생들에게 다소 생소하겠지만 조금 다른 각도에서 책을 바라보는 관점을 갖게 합니다. 국어사전을 만든다고 미리 안내하면 책임감이 부여되는지 학생들이 매우 고심하여 책을 고르고 낱말을 선택합니다. 특정한 책을 함께 읽는 수업이 아니라 학생들이 직접 책을 고르고 활동에 적용시키는 수업이라서 학생이 주체가 되어 수업을 이끌어 가게 됩니다.

> **수업 tip**
> 낱말을 고르기 위해 가장 먼저 하는 활동은 '소장 자료 탐색하기'입니다. 이 활동을 할 때는 시간을 충분히 주어야 합니다. 소장 자료 탐색하기를 통해 학생들은 학교도서관에 어떤 책이 있는지 확인하고, 자신이 읽었던 책을 떠올리면서 자연스럽게 책에 관심을 갖게 됩니다.

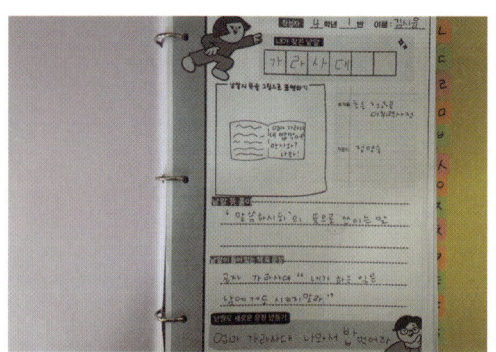

학생들이 만든 국어사전

국어사전을 활용한 수업 놀이

3, 4학년	#어휘	국어사전에서 낱말 뜻 찾아 읽기
수업 주제	국어사전을 활용한 수업 놀이	
수업 목표	국어사전을 활용하여 낱말을 찾을 수 있다	
준비물	국어사전, 『내 친구 ㅇㅅㅎ』, 활동지 1~4	

[국어사전을 활용한 끝말잇기]

아이들이 좋아하는 말놀이 중 가장 인기 있는 끝말잇기를 국어사전을 활용한 수업에 접목해 보았습니다. 끝말잇기의 창과 방패를 아이들의 두 손에 모두 쥐여 준 셈이지요. 짝꿍과 활동지를 활용해 끝말잇기를 반복해서 하다 보면 어느새 뜻을 모르는 낱말을 비롯해 다양한 낱말의 뜻을 익히게 됩니다.

끝말잇기 규칙

1. 짝꿍과 각자의 활동지에 낱말을 기록하며 끝말잇기를 합니다.
2. 뜻을 모르는 낱말은 국어사전에 있는지 확인합니다.
3. 낱말 한 개에 1점씩 얻습니다.
4. 놀이를 하다 낱말이 떠오르지 않으면 국어사전 찬스를 쓸 수 있습니다. 단, 국어사전 찬스를 쓴 경우에는 1점을 주지 않습니다.
5. 국어사전에도 없는 낱말이면 새로운 낱말로 다시 시작합니다. 이 경우에도 1점을 주지 않습니다.
6. 끝까지 끝말잇기를 완성하면 됩니다.
7. 끝말잇기를 완성하고 나서, 뜻을 잘 모르는 낱말을 3개 골라 국어사전에서 뜻과 예문을 찾아 적어 봅니다.

끝말잇기는 어디에서든 누구나 쉽게 할 수 있는 놀이입니다. 말로 하는 놀이를 글로 쓰면서 하니 좋은 점이 있습니다. 맞춤법이 맞는지 확인하는 과정을 거친다는 점입니다. 짝꿍이 쓴 낱말이 실제로 있는 말인지 국어사전을 통해 확인할 수도 있습니다. 국어사전에서 낱말을 찾다 보면 많은 낱말을 자연스레 읽게 되기도 합니다. 쉬는 시간에 짝꿍과 함께하기 좋은 활동으로 추천합니다.

[국어사전을 활용한 초성 퀴즈와 빙고 게임]

『**내 친구 ㅇㅅㅎ**』 김지영, 사계절

초성 퀴즈를 하기 전에 그림책『내 친구 ㅇㅅㅎ』를 함께 읽어 보기를 추천합니다. 책을 읽을 때는 초성에 들어갈 낱말을 함께 예상하며 읽어 보세

[활동지1]

학년   반   이름:

국어사전을 활용한 끝말잇기

1. 짝꿍(이름:)과 끝말잇기 길을 완성해 보세요.
   (낱말이 국어사전에 없으면 새로운 낱말로 다시 시작)

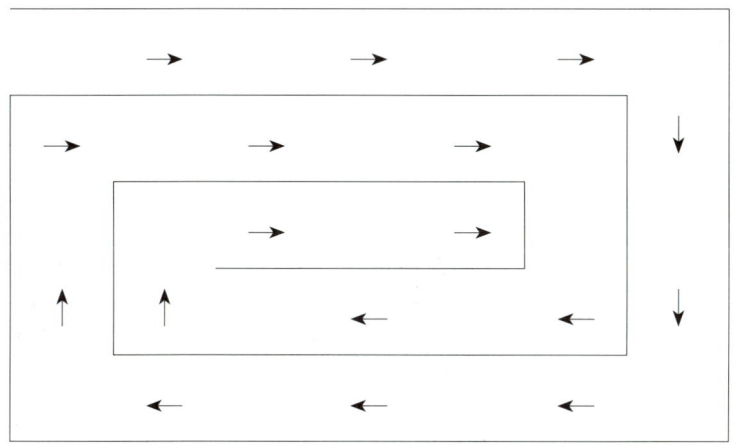

2. 위의 끝말잇기 길에서 낱말 3개를 골라 보세요.
   국어사전에서 뜻과 예문을 찾아 적어 보세요. *예문이 없으면 직접 써 보기

낱말:	뜻:
	예문:
낱말:	뜻:
	예문:
낱말:	뜻:
	예문:

요. 다 읽고 나서는 초성 ㅇㅅㅎ으로 표현할 수 있는 낱말을 함께 찾아봅니다. 어느 정도 낱말을 찾고 나면 학생들에게 국어사전 찬스가 있음을 안내하고 국어사전에서 찾은 낱말도 함께 적어 봅니다.

초성 퀴즈 활동지를 나눠 줍니다. 먼저 짝꿍과 초성을 하나씩 정해서 두 개의 초성이 들어간 낱말로 빈칸을 채우게 합니다. 빈칸을 채우기 어려워하는 학생은 국어사전에서 찾아볼 수 있도록 안내합니다. 25개의 칸을 채운 다음, 짝꿍과 빙고 게임을 합니다. 같은 초성에서 참신한 낱말이 나오면 아이들의 웃음도 함께 쏟아집니다. 놀이 수업을 통해 어휘력이 자연스레 높아집니다.

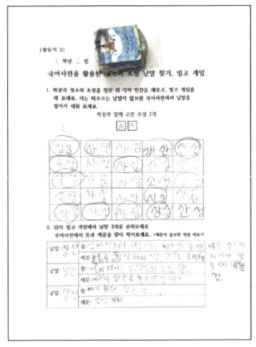
빙고 게임

낱말 찾기

초성 퀴즈를 풀며 초성을 채우는 과정에서 생각지도 못한 낱말을 떠올리고 즐거워하는 학생들의 모습을 보았습니다. 초성을 25칸에 다 채우기는 꽤 어려운데도 말이지요. 한 번의 게임으로는 아쉬운지 반복해서 게임을 즐기는 모습이었습니다. 국어사전을 옆에 끼고 게

[활동지2]

학년   반   이름:

국어사전을 활용한 초성 낱말 찾기, 빙고 게임

1. 짝꿍과 초성을 정한 뒤 각자 빈칸을 채우고, 빙고 게임을 해 보세요. 더는 떠오르는 낱말이 없으면 국어사전에서 낱말을 찾아서 채워 보세요.

짝꿍과 함께 고른 초성 2개

2. 위의 끝말잇기 길에서 낱말 3개를 골라 보세요. 국어사전에서 뜻과 예문을 찾아 적어 보세요.
   (예문이 없으면 직접 쓰기)

낱말:	뜻:
	예문:
낱말:	뜻:
	예문:
낱말:	뜻:
	예문:

[활동지3]

학년   반   이름:

국어사전을 활용한 초성 탑 쌓기

1. 짝꿍과 초성을 정한 뒤 음절이 적은 낱말부터 점점 더 음절수를 늘려 빈칸을 채워 보세요. 더 떠 오르는 낱말이 없으면 국어사전에서 낱말을 찾아서 채워 보세요.

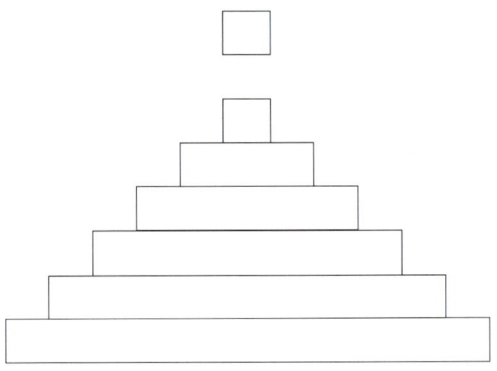

짝꿍과 함께 고른 초성

2. 위의 탑에서 낱말 3개를 고르고, 국어사전에서 뜻과 예문을 찾아 적어 보세요.
   (예문이 없으면 직접 쓰기)

낱말:	뜻:
	예문:
낱말:	뜻:
	예문:
낱말:	뜻:
	예문:

임을 즐기는 과정에서 자연스레 아이들의 어휘력이 쌓여 갑니다.

> **수업 tip**
> 빙고 게임을 처음 하는 경우 4x4 빙고로 하고, 단계를 올려서 5x5로 진행해 보기를 추천합니다.

[국어사전을 활용한 이야기 만들기]

낱말의 뜻을 찾아보는 것으로 끝나는 활동이 아니라 직접 그 낱말을 활용한 문장을 만들어 보는 활동입니다. 학생들이 국어사전을 보다 보면 뜻을 모르거나 처음 보는 낱말을 만날 수 있습니다. 그런 낱말을 한 번 보고 지나치는 것이 아니라 직접 문장을 만들어 보면서 낱말을 익힐 수 있습니다.

> **활동 순서**
> 1. 국어사전을 준비합니다.
> 2. 눈을 감고 국어사전을 펼친 후 손가락으로 아무 곳이나 가리킵니다.
> 3. 낱말 2개를 무작위로 고릅니다.
> 4. 두 낱말을 활용해서 문장을 만들고 이어지는 이야기를 적어 봅니다.

기본 활동에서 변형을 주면 여러 가지 활동으로 진행할 수 있습니다. 다 함께 한 단어를 고른 뒤 나머지 단어만 무작위로 찾아 이야기 만들기, 내 이름 초성으로 시작하는 단어 찾아 이야기 만들기 등의 활

[활동지4]

국어사전으로 이야기 만들기

( )학년 ( )반 이름( )

첫 번째 낱말		두 번째 낱말	
낱말의 뜻			
이야기 만들기			

동으로 확장할 수 있습니다.

  낱말의 뜻을 한 번 보고 넘어가는 것을 넘어 낱말을 적용해 문장을 만들어 봄으로써 낱말에 대한 이해를 높일 수 있습니다. 문장을 만드는 과정에서 낱말의 활용에 대해 계속해서 생각하게 되기 때문입니다. 이러한 과정을 통해 다양한 상황에 낱말을 적용해 보게 되고 깊은 사고를 끌어낼 수 있게 됩니다.

추천 국어사전

도서	저자	출판사
동아 새국어사전(2018)*	동아출판 편집부	동아출판
동아 연세 초등국어사전(2020)	연세대학교 언어정보개발연구원 편	동아출판
동아 초등 새국어 사전(2022)	동아출판 편집부	동아출판
보리 국어사전(2020)	토박이 사전 편찬실	보리
속뜻풀이 초등국어사전(2022)*	전광진	속뜻사전교육출판사
엣센스 국어사전(2018)*	민중서림 편집국	민중서림

※ 초등용 국어사전보다 일반 국어사전이 활용하기 좋습니다. 더 많은 낱말을 수록한 국어사전에는 '*'표시를 했습니다.

도감류 활용수업

4학년	#어휘 #추론	발췌독
수업 주제	학교도서관의 참고도서(도감류) 활용	
수업 목표	각종 도감을 활용하여 과제를 해결할 수 있다.	
준비물	각종 도감, 우리 학교 급식 식단표	

학교도서관에서 쉽게 만나볼 수 있는 동물도감, 식물도감은 참고도서의 한 종류입니다. 3학년 과학 교과서에 동물도감, 4학년 과학 교과서에 식물도감이 나와 학생들에게 친근한 자료이기도 합니다. 도감은 일반적인 도서와 달리 처음부터 끝까지 읽는 것이 아니라 목차와 색인 등을 활용하여 필요한 부분만 찾아본다는 특징이 있습니다. 요즘 보편적인 동물도감, 식물도감 외에 강아지도감, 밥도감, 반찬도감, 스포츠도감 등 개성 있는 도감이 많이 출간되어 학생들의 흥미와 필요에 따라 선택해서 사용할 수 있습니다.

도감의 특징

1. 그림이나 사진을 모아 실물 대신 볼 수 있도록 한 자료
2. 글만으로 이해하기 어려운 사실과 정보를 그림과 사진을 수록해 알기 쉽게 설명해 놓은 자료

도감의 구성

1. 머리글(일러두기)
2. 차례(목차)
3. 사진(그림)
4. 내용
5. 찾아보기(색인)

 국어사전과의 공통점 및 차이점도 생각해 볼 수 있습니다. 국어사전과 도감의 공통점은 어휘 관련 정보를 주는 것입니다. 국어사전이 온갖 어휘의 뜻을 알려 준다면, 도감은 사진 또는 그림을 함께 보여 주며 특정한 주제(예: 동물, 식물)만 다룹니다. 낱말의 뜻을 간단히 찾아보기 위해서는 국어사전을, 관심 있는 주제 또는 대상에 대한 구체적인 정보를 얻고 싶다면 그 주제에 맞는 도감을 활용할 수 있도록 안내합니다.

[도감 찾아보기]

도감은 도서관에서 필요한 정보를 찾을 때 유용합니다. 정보 찾는 연습을 위해 학교 급식 식단표를 준비합니다. 급식 메뉴 중 학생들이 좋아하는 음식을 골라서 메뉴를 구성한 후, 요리 관련 도감에서 음식을 찾아봅니다. 찾아볼 때는 목차 또는 색인을 활용하며, 일러두기(머리

[활동지1]

학년   반   이름:

참고자료 활용수업-도감 편1

1. 어떤 도감들이 있을까요?
동물도감, 식물도감, 버섯도감, 화훼도감, 강아지도감, 고양이도감
_____

2. 학교도서관 서가에서 도감을 한 권 골라 살펴보고, 도감의 구성요소를 살펴봅시다.
내가 고른 도감: 세밀화로 그린 보리 어린이 식물도감
_____

요소	특징
머리글 (일러두기)	도감의 구성과 도감을 제작한 의도를 안내합니다.
차례 (목차)	도감에 실린 내용들을 주제에 따라 분류하여 가나다순으로 안내합니다.
사진 (그림)	사진 또는 그림으로 설명하는 대상물을 표현합니다.
내용	대상에 대해 자세하게 설명합니다.
찾아보기 (색인)	도감의 맨 뒤에 있으며, 가나다순으로 찾아볼 수 있게 배열해 두었습니다.

음식 관련 도감

말)부터 찬찬히 살펴보면 좋습니다. 색인에서 가나다순으로 찾거나 도감을 쭉 훑어보면서 음식을 골라도 됩니다. 찾는 음식이 도감에 없다면 비슷한 것으로 대체해도 되고, 좋아하는 음식이 급식 식단표에 없지만 도감에 있다면 활동지에 기록해도 좋습니다. 요리 도감을 통해 알게 된 새로운 정보가 있다면 자유롭게 기록해도 됩니다. 도감에 나와 있는 그림을 그려 보는 수업도 할 수 있습니다.

[수업 후기]

흥미와 취향이 형성되기 시작한 초등학교 3~4학년 어린이들에게 도감은 최고의 수업 자료입니다. 관심 있는 대상에서 시작해 더욱 넓은 주제로 흥미를 뻗어 나갈 수 있도록 하는 마중물의 역할을 하기도 하지요. 또한 도감 활용수업은 매우 다층적인 지적 사고를 필요로 합니다. 도감을 활용하기 위해서는 필요한 정보가 담긴 도감 찾기, 일러두기와 머리말을 통해 도감의 특성 파악하기, 차례와 색인의 가나다순으로 정보 찾고 내용 파악하기 등 일련의 과정을 거쳐야 합니다. 이처

[활동지2]

학년   반   이름:

참고자료 활용수업-도감 편 2

1. 우리 학교 급식 식단표를 보고, 좋아하는 음식을 골라 봅시다.

밥	국·찌개	김치	반찬

2. 고른 음식을 도감에서 찾아보고, 알게 된 정보를 써 봅시다. 그림으로 그려도 좋아요.

음식명( )	음식명( )
음식명( )	음식명( )

럼 도감 활용수업을 받은 어린이들은 자연스럽게 정보활용능력 및 문해력이 향상됩니다.

> **수업 tip**
> 어린이를 대상으로 한 참신한 도감이 다양하게 출간되어 있습니다. 도감 활용수업을 할 수 있는 주제는 반려동물, 좋아하는 꽃, 이야기 속 동물, 올림픽 종목 등 무궁무진합니다. 학생들을 재미있는 도감의 세계로 안내해 주세요.

다양하고 흥미로운 주제의 도감들

도서	저자	출판사
계절 도감	황은주	그린북
김치 도감/밥 도감/반찬 도감/국·찌개 도감	고은정	현암주니어
꽃도감	방현희	한즈미디어
딩동~고양이 도감	김태환	지성사
똥 도감	아라마타 히로시	북뱅크
보리 어린이 놀이도감	김종만	보리
수명 도감	이로하 편집부	봄나무
신기하고 재밌는 공룡도감	씨엘	혜민북스
실패 도감	오노 마사토	길벗스쿨
우리 세시풍속 도감	홍영우	보리
의외로 경기장에 간 것 같은 스포츠 도감	량리나	주니어김영사
의외로 다양한 이유가 있는 국기도감	아오 고즈에	주니어김영사
의외로 사연 많은 귀신 도감	고성배	주니어김영사
재미있는 식물 산책 도감	하나후쿠 코자루	성안북스
좀 더럽지만 꽤 재밌는 내 몸 도감	나가미네 에이타로	책읽는곰
초보자가 꼭 알아야 할 손바닥 식물도감	이동혁	이비컴
K-요괴 도감	이고은	후즈갓마이테일

1부 문해력 씨앗 틔움

- 3장 -

감정 문해력 교육

학교에는 다양한 아이들이 존재합니다. 필연적으로 싸움과 갈등이 생기고, 상처와 슬픔이 곳곳에서 터져 나옵니다. 아이들이 자신의 마음을 잘 모르거나 표현하는 방법을 몰라서 같은 상황이 되풀이되고 있지 않을까 생각이 듭니다. 감정, 생각, 느낌은 눈에 보이지 않기 때문에 잘 이해하지 못하는 경우가 많습니다. 그래서 마음속에 있는 감정을 살펴보고 표현해 보는 수업이 필요합니다. 이런 수업을 진행할 때 이야기책만큼 좋은 교재는 없습니다. 감정을 세심하게 다루는 동화는 등장인물의 마음을 깊이 들여다보는 동시에 나의 마음을 반추할 수 있는 특별한 경험을 갖게 합니다. 책 속 등장인물을 살펴보면서 다양한 감정을 배우며, 모든 감정은 소중하고 그 감정들을 잘 표현하는 것도 중요하다는 것을 수업을 통해 알게 됩니다. 책을 매개로 한 감정 문해력 수업은 다양한 감정과 함께 살아가는 법을 생각해 보게 하고, 내가 내 감정의 진정한 주인이 될 수 있게 도와줄 것입니다.

감정 카드 만들기로
다양한 감정 알아보기

2학년	#이해(인물·사건·배경·표현) #어휘 #추론	교사가 읽어 주기
수업 주제	다양한 감정을 배우고 감정 카드로 표현하기	
수업 목표	내 마음을 표현하는 감정을 감정 카드로 만들 수 있다.	
준비물	『내 마음 ㅅㅅㅎ』, 활동지	

    좁은 교실 안에서도 아이들의 인간관계는 복잡하고 다양합니다. 특히 갈등 해결에 취약한 저학년 아이들이 처음 겪는 감정을 제대로 소화하지 못해 일어나는 에피소드는 많습니다. 미묘한 감정부터 화가 나거나 슬픈 감정까지, 경험해 본 적 없는 감정을 주체하지 못해 친구와의 갈등이 끊임없이 발생합니다. 그런 의미에서 감정에 대해 친절히 알려 주는 그림책이 정말 필요합니다. 아이들은 감정 그림책을 통해 생소한 감정을 배우며 타인의 감정을 이해하고 공감할 수 있기 때문입니다.

[함께 읽을 책]

『내 마음 ㅅㅅㅎ』 김지영, 사계절

『내 마음 ㅅㅅㅎ』은 저학년 감정 교육의 교과서처럼 다양한 감정을 스토리텔링 방식으로 알려 줍니다. 이야기를 전달하는 방식인 초성 퀴즈는 저학년 문해력 향상에 좋은 말놀이기도 합니다. 한 권의 책으로 다양한 확장이 일어나는 감정 문해력 수업을 해 보길 추천합니다.

[독서 전 활동]

책 표지를 보고 아이들과 질문을 만들었습니다.

> **2학년 한 학급 아이들과 함께 만든 질문(⇨ 확장 질문)**
> 1. 왜 책 제목이 '내 마음 ㅅㅅㅎ'일까? ⇨ ㅅㅅㅎ이 들어가는 말 떠올리기
> 2. 왜 눈썹과 귀를 ㅅㅅㅎ으로 표현했을까? ⇨ ㅅㅅㅎ을 어떻게 그림으로 더 표현할 수 있을까?
> 3. 저 아이는 왜 입이 없을까? ⇨ 입을 그려 준다면 어떤 모양으로 그릴까?
> 4. 저 아이는 어떤 감정일까?
> 5. 뒤를 돌아보는 포즈인데 무슨 말을 하고 싶은 걸까?

[독서 중 활동]

그림책을 읽어 줄 때 그림을 살펴보도록 안내합니다. 그림과 함께 읽으면 숨은 이야기를 많이 찾아낼 수 있습니다. 이 그림책에는 어느 날 자신에게 찾아온 낯선 감정으로 인해 가족에게 섭섭해하고 속상해하는 첫째 아이가 그려져 있습니다. 아이는 자신의 감정을 처리하지 못해 소심해하다가 자기 방에 스스로 갇힙니다. 심심해진 아이는 상상의 세계로 빠져들고 상상 놀이를 통해 가족들과 화해합니다. 다시 쌩쌩해진 아이는 자기 방에서 스스로 나옵니다.

이러한 그림 언어를 아이들이 직접 해석할 수 있도록 그림책의 한 장면 한 장면을 천천히 함께 읽습니다. 등장하는 감정 낱말이 어떤 마음인지 이야기 나누며 국어사전에서 찾은 정확한 뜻을 알려 주기도 합니다. 특히 형제가 있는 아이들의 경험을 끌어내며 감정을 다른 친구와 공유할 수 있도록 유도합니다.

[문해력을 높이는 독서 후 활동]

책을 읽고 난 뒤 배운 다양한 감정을 자신만의 방법으로 표현할 수 있도록 '내 마음 ㅅㅅ해 카드 만들기' 활동을 진행해 보았습니다. 이 과정에서 감정을 글과 그림으로 표현하고, 자신의 감정을 더 깊이 있게 이해할 수 있게 됩니다.

활동 순서

1. **감정 고르기**: 그림책에서 소개한 다양한 감정 중 하나를 보기 박스에서 선택합니다. 예를 들어, '섭섭해', '속상해', '소심해' 등 다양한 감정 중에서 고를 수 있습니다.

2. **감정 선택하기**: 선택한 감정을 카드에 글로 쓰고, 그림으로 표현해 봅니다. 왜 그런 감정을 느꼈는지 그 감정을 시각적으로 나타냅니다.

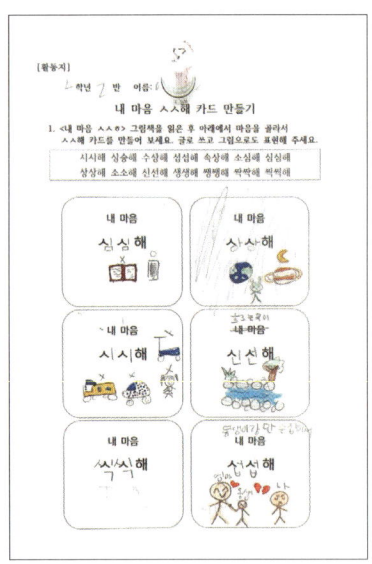 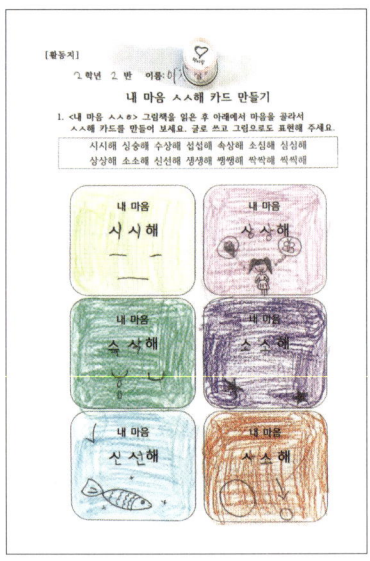

활동지 예시

[수업 후기]

감정 그림책은 아이들에게 생소한 감정을 그림으로 이해시켜 주고, 이야기로 공감을 주기 때문에 좋은 수업 자료입니다. 아이들은 감정 그림책 수업을 통해 여러 감정을 경험할 수 있었습니다. 그리고 감정

[활동지]

학년 반 이름:

내 마음 ㅅㅅ해 카드 만들기

1. 『내 마음 ㅅㅅㅎ』 그림책을 읽은 후 아래에서 마음을 골라서 'ㅅㅅ해 카드'를 만들어 보세요. 글로 쓰고 그림으로도 표현해 주세요.

시시해 싱숭해 수상해 섭섭해 속상해 소심해 심심해
상상해 소소해 신선해 생생해 쌩쌩해 싹싹해 씩씩해

내 마음 ㅅㅅ해	내 마음 ㅅㅅ해
내 마음 ㅅㅅ해	내 마음 ㅅㅅ해
내 마음 ㅅㅅ해	내 마음 ㅅㅅ해

카드 만들기 활동은 아이들이 자신의 감정을 명확히 표현하는 데 도움이 되었습니다. 사람마다 표현 방식이 다름을 알 수 있고, 같은 감정이라도 다양한 상황에서 사람마다 다르게 느낄 수 있음을 알 수 있었습니다. 작품을 모아서 열 제본기를 활용해 책자 형태로 만들어 전시했습니다. 아이들이 친구들의 작품을 자연스럽게 감상하는 모습을 볼 수 있었습니다.

> **수업 tip**
> 감정 카드를 만들 때는 자신의 경험을 최대한 떠올려 볼 수 있도록 지도하세요.
> 다른 친구들이 감정을 어떻게 표현하는지 보고 공감할 수 있도록 해 보세요.

분노와 슬픔을 다룬 감정 그림책

도서	저자	출판사
가만히 들어주었어	코리 도어펠드	북뱅크
눈물바다	서현	사계절
미움	조원희	만만한책방
부루퉁한 스핑키	윌리엄 스타이그	비룡소
소피가 화나면, 정말 정말 화나면	몰리 뱅	책읽는곰
안녕, 울적아	안나 워커	모래알
어떡하지?	앤서니 브라운	웅진주니어
제라드의 우주쉼터	제인 넬슨	교실어린이

마음 처방전으로 감정 공감하기

4학년	#줄거리요약 #어휘 #추론	학생이 번갈아 읽기
수업 주제	책 속 등장인물과 나의 감정을 공감하고 표현하기	
수업 목표	인물의 감정을 공감하고 마음 처방전을 작성할 수 있다.	
준비물	『한밤중 달빛 식당』, 활동지	

[함께 읽을 책]

『한밤중 달빛 식당』 이분희, 비룡소

어른과 아이는 크고 작은 고민과 걱정을 안고 살아가고 있습니다. 누구나 과거의 기억 혹은 단점 때문에 속상해하기도 하지만, 책 속 등장인물을 만나면 잊고 싶은 기억과 버리고 싶은 단점을 극복할 수 있는 위로와 용기를 얻게 됩니다. 다양한 감정이 공존하는 이 책을 활용하여 마음처방전을 작성하는 감정 문해력 수업을 진행해 보았습니다. 이번 수업을 통해 내가 느끼는 모든 감정은 소중하며, 자신의 감정을 잘 표현하고 존중해야 한다는 것을 자연스럽게 배울 수 있습니다.

[독서 활동]

『한밤중 달빛 식당』은 4학년 학생이 한 차시 동안 재미있게 읽을 수 있는 동화입니다. 또래의 친구가 등장하고, 한밤중에 여우라는 동물 친구를 만나 모종의 거래를 하게 되면서 나쁜 기억이 사라지게 된다는 판타지 요소를 갖추었기에 학생들은 끝까지 몰입하여 읽게 됩니다.

  반 전체 학생이 돌아가며 한두 문장씩 번갈아 읽도록 합니다. 이렇게 하면 자신의 차례를 기다리며 집중력을 기를 수 있고 다양한 문장을 읽으면서 자연스럽게 읽기 능력을 향상시킬 수 있습니다. 주요 등장인물 역할은 실감나게 연기하며 읽을 수 있도록 따로 정해 줍니다. 인물의 마음이 드러나게 자신감 있는 목소리로 읽도록 독려합니다. 학생들은 함께 읽으며 생동감을 더합니다. 처음에는 쑥스러워 작은 목소리로 재빨리 읽고 말던 아이도 학급 친구들과의 윤독 활동에 적응되면 점차 자신 있는 목소리로 자기 차례의 낭독을 충분히 소화합니다.

[독서 후 활동]

책을 읽은 후 중요한 사건을 중심으로 줄거리를 짚어 보는 시간이 필요합니다. 주인공 및 주변 등장인물과 사건, 결말에 대해서 묻고 답합니다. 그리고 나서 인상 깊은 등장인물의 걱정, 고민을 적어보고 자신이 생각한 마음 처방전을 작성하는 시간을 갖습니다. 마음 처방 투약 횟수, 복용 일수 등도 함께 생각해 보게 하여 실제 병원을 다녀온 후 약 처방전을 받은 것 같은 기분이 들 수 있게 합니다. 후속 활동으로 학생들이 각자 가지고 있는 고민거리로 마음 처방전을 주고받는 활동을 진행합니다. 이러한 실용적이고 다양한 쓰기 활동을 통해 문해력을 더욱 다질 수 있습니다.

[수업 후기]

감정 수업을 진행할 때 선생님의 태도가 중요합니다. 학생들이 편안하게 자기 마음속 이야기를 드러내게 하는 가장 좋은 방법은 선생님의 솔직한 본보기를 보이는 것입니다. 선생님이 조금 부끄러운 부분까지 아이들 앞에서 솔직하게 꺼내어 보여 준다면 아이들도 편하게 자신의 마음을 드러낼 수 있을 것입니다. 책을 읽으면서 등장인물의 감정을 읽고 공감할 줄 알고, 더 나아가 나의 감정을 솔직하게 표현하는 아이는 건강한 마음을 가지고 성장할 수 있습니다. 아이들이 다양한 이야기 속에서 느낀 감정을 자신의 경험과 연결 지어 표현하며 경험들을 쌓으며 건강하게 성장할 수 있도록 응원합니다.

[활동지]

『한밤중 달빛 식당』속 등장인물의 이름을 적고, 그 인물의 고민과 내가 생각하는 마음 처방전을 적어 보세요.

( )의 마음 처방전			
학년	반	번호	이름
증상		투약량 횟수	마음 처방 명칭
★ 등장인물의 걱정, 고민거리에 대해 내용 작성 (예시) 주인공 연우는 스티브 잡스처럼 매일 같은 옷만 입고 다녀서 학교에서 '짭스'라는 별명으로 불린다.		( ) (주 3회)	★ 등장인물의 증상(걱정, 고민 등)에 따른 내가 생각하는 마음 처방전 내용 작성 (예시) 자신감 스티브 잡스는 효율성을 높이고 자신의 브랜드를 강화하며 삶의 단순함을 추구하기 위해 일부러 같은 옷을 매일 입고 다녔대. 같은 옷을 매일 입는 것이 창피한 게 아니야. 그 대신 세탁을 자주 해서 깨끗하게 입고 다니기.
★투약 시 참고사항			

수업 tip

감정 문해력 수업에 앞서 학생들이 평소에 느끼는 다양한 감정을 살펴보도록 합니다. 이러한 감정을 언제 느끼는지 이야기를 나누면 자신의 감정을 잘 이해하고 표현할 수 있습니다.

감정 카드를 모둠별로 미리 준비해 두는 것을 추천합니다. 다양한 감정과 뜻이 여러 장의 카드에 담겨 있기 때문에, 수업에 적용하기 전에 수많은 감정을 알아보고 각각의 감정을 언제 경험했는지 이야기 나눌 때 활용하기 좋습니다.

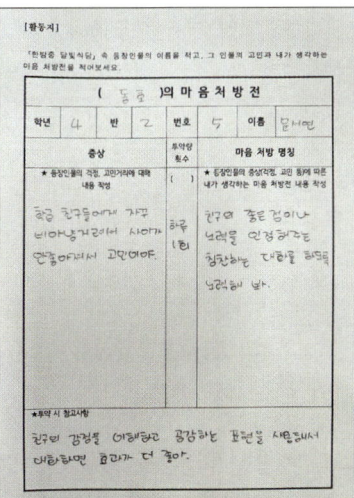 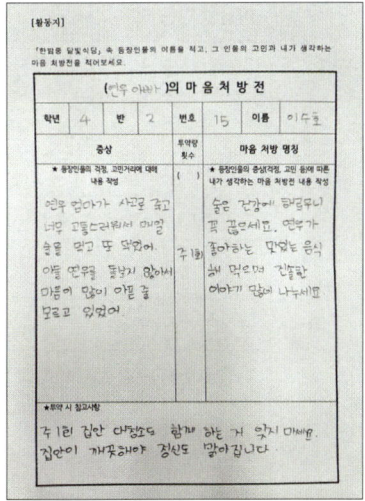

활동지 예시

감정을 다루는 책 추천

분류	도서	저자	출판사
그림책	고민 식당	이주희	한림출판사
	기분 가게	도키 나쓰키	주니어김영사
	내 마음 ㅅㅅㅎ	김지영	사계절
	네 기분은 어떤 색깔이니?	최숙희	책읽는곰
	두더지의 고민	김상근	사계절
	디즈니 인사이드 아웃 내 마음을 말해 봐	팀 플레이그라운드	크레용하우스
	마음을 담은 병	데버라 마르세로	나는별
	알사탕	백희나	스토리보울
	컬러 몬스터	아나 예나스	청어람아이
창작 동화책	걱정 세탁소	홍민정	좋은책어린이
	고민 들어주는 선물 가게	임태희	주니어김영사
	귀 큰 토끼의 고민 상담소	김유	시공주니어
	꽝 없는 뽑기 기계	곽유진	비룡소
	나를 표현하는 열두 가지 감정	임성관	책속물고기
	두근두근 걱정 대장	우미옥	비룡소
	아홉 살 마음 사전	박성우	창비

MBTI를 활용한 감정 문해력 키우기

5, 6학년	#이해(인물·사건·배경·표현) #추론	혼자 조용히 읽기 모둠과 함께 읽기
수업 주제	인물의 감정 이해하기	
수업 목표	책을 읽고 인물의 감정을 이해할 수 있다.	
준비물	MBTI 관련 도서, 활동지	

[독서 전 활동]

수업을 시작하기 전 MBTI를 알아보는 활동을 진행합니다. MBTI란 무엇인지부터 시작해 각 성격 유형의 특징을 알아봅니다. MBTI 검사 활동을 통해 각자 자신의 MBTI도 알아보면 좋습니다. 수업 시간 중 MBTI 검사를 진행하면 시간이 너무 오래 걸리기 때문에 간이 검사지를 활용합니다. 활동지1의 간단한 체크리스트 작성을 통해 성격을 파악할 수 있습니다. 활동지를 작성하고 모둠원과 MBTI 결과를 공유합니다. 이때 MBTI 관련 도서를 소개해 주면 학생들의 흥미를 더욱 높일 수 있습니다.

[독서 후 활동]

독서 후 각자가 생각한 책 속 등장인물의 MBTI를 추측하는 활동을 합니다. 활동지를 활용한 밸런스 게임을 통해 인물의 성격을 추측해 봅니다. 그리고 등장인물 성격의 근거가 되는 책 속 문장을 찾아 인용하는 활동지도 작성해 봅니다. 정답은 없다는 것을 미리 강조하는 것이 좋습니다. 인물의 성격은 입체적이기 때문입니다. 이 활동은 결과물의 공유가 중요합니다. 공유를 통해 같은 인물에 관한 나의 추측과 친구의 추측이 다를 수 있다는 점을 알 수 있습니다.

[수업 후기]

고학년 학생들은 MBTI에 관심이 많습니다. 그래서인지 수업에 참여했던 아이들은 주인공의 MBTI 알아보기 활동을 통해 인물의 마음을 깊이 이해하면서 이야기의 흐름을 놓치지 않고 잘 따라갈 수 있었습니다. 그리고 인물의 마음에 공감하며 이야기에 더욱 깊이 빠져들었습니다. 또한, MBTI를 통해 나와 다른 것이 틀림이 아닌 다름이라는 것도 이해할 수 있었습니다.

[활동지1]

나의 MBTI는?! 밸런스 게임
나에게 해당하는 내용을 골라보세요~!

( )학년 ( )반 이름 ( )

E (외향적)	VS	I (내향적)	S (현실적)	VS	N (이상적)
내 친구들은			내가 좋아하는 이야기는		
얕은 사이의 많은 친구	VS	깊은 사이의 소수의 친구	실제로 있었던 이야기	VS	상상의 이야기
에너지 충전이 필요할 때			공부할 때		
밖에서 사람들과 시간 보내기	VS	혼자만의 시간 보내기	선생님이 가르쳐 주신 방법대로	VS	나만의 방법대로
공부할 때			어려운 일이 생겼을 때		
친구들과 함께 공부	VS	혼자 조용히 공부	현재에 최선을 다하기	VS	미래에 대한 희망 가지기
새 친구를 사귈 때			새로운 일을 시작할 때		
새로운 친구에게 먼저 다가가기	VS	친구가 먼저 다가와 주기	세부 사항에 집중하기	VS	전체적인 것부터 파악하기
주변 사람들에게 나는			주변 사람들에게 나는		
활발한 친구	VS	얌전한 친구	부지런하고 성실한 친구	VS	엉뚱하고 기발한 친구
개수			개수		
T (논리적)	VS	F (감정적)	J (계획적)	VS	P (즉흥적)
더 나쁜 것은			할 일이 있을 때		
불공정한 것	VS	타인의 마음에 상처를 주는 것	해야 할 일을 먼저 하고 놀기	VS	나중에 할 수 있는 일이라면 먼저 재미있게 놀고 난 후에 해도 괜찮다
친구에게 잘못된 점이 있다면			내 방은		
친구의 발전을 위해 지적해 주기	VS	친구에게 상처 될까 봐 말하지 않기	정리정돈 된 깨끗한 방	VS	내 마음대로 흩어 놓을 수 있는 방
나는 다른 사람에게			일기장이나 과제물		
똑똑한 사람으로 보이고 싶음	VS	따뜻한 사람으로 보이고 싶음	잘 챙기는 편	VS	잘 잊어 먹는 편
우리 편이 진 상황에서			계획이 흐트러지면		
다음번에는 이길 수 있도록 계획 짜기	VS	'다음에 이기면 되지' 하면서 친구들의 기분을 좋게 해주기	기분이 상한다	VS	기분이 상하지 않는다
내가 되고 싶은 사람은			나는 일을 할 때		
공평한 사람	VS	친절한 사람	계획적으로 해내는 편	VS	그때그때 해내는 편
개수			개수		

나의 MBTI는 ( )입니다.

[활동지2]

주인공의 MBTI 알아보기

책 제목					
지은이			출판사		
주인공 이름			MBTI		

E (외향적)	VS	I (내향적)	S (현실적)	VS	N (이상적)
내 친구들은			내가 좋아하는 이야기는		
얕은 사이의 많은 친구	VS	깊은 사이의 소수의 친구	실제로 있었던 이야기	VS	상상의 이야기
에너지 충전이 필요할 때			공부할 때		
밖에서 사람들과 시간 보내기	VS	혼자만의 시간 보내기	선생님이 가르쳐 주신 방법대로	VS	나만의 방법대로
공부할 때			어려운 일이 생겼을 때		
친구들과 함께 공부	VS	혼자 조용히 공부	현재에 최선을 다하기	VS	미래에 대한 희망 가지기
새 친구를 사귈 때			새로운 일을 시작할 때		
새로운 친구에게 먼저 다가가기	VS	친구가 먼저 다가와 주기	세부 사항에 집중하기	VS	전체적인 것부터 파악하기
주변 사람들에게 나는			주변 사람들에게 나는		
활발한 친구	VS	얌전한 친구	부지런하고 성실한 친구	VS	엉뚱하고 기발한 친구
개수			개수		

T (논리적)	VS	F (감정적)	J (계획적)	VS	P (즉흥적)
더 나쁜 것은			할 일이 있을 때		
불공정한 것	VS	타인의 마음에 상처를 주는 것	해야 할 일을 먼저 하고 놀기	VS	나중에 할 수 있는 일이라면 먼저 재미있게 놀고 난 후에 해도 괜찮다
친구에게 잘못된 점이 있다면			내 방은		
친구의 발전을 위해 지적해 주기	VS	친구에게 상처 될까 봐 말하지 않기	정리정돈 된 깨끗한 방	VS	내 마음대로 흩어 놓을 수 있는 방
나는 다른 사람에게			일기장이나 과제물		
똑똑한 사람으로 보이고 싶음	VS	따뜻한 사람으로 보이고 싶음	잘 챙기는 편	VS	잘 잊어 먹는 편
우리 편이 진 상황에서			계획이 흐트러지면		
다음번에는 이길 수 있도록 계획 짜기	VS	'다음에 이기면 되지' 하면서 친구들의 기분을 좋게 해주기	기분이 상한다	VS	기분이 상하지 않는다
내가 되고 싶은 사람은			나는 일을 할 때		
공평한 사람	VS	친절한 사람	계획적으로 해내는 편	VS	그때그때 해내는 편
개수			개수		

(_____)의 MBTI는 (_____)입니다.
*(_____) 안에 주인공 이름을 쓰세요.

마음 종소리 게임으로 감정 문해력 기르기

5, 6학년	#이해(인물 · 사건 · 배경 · 표현) #추론	낭독극으로 읽기
수업 주제	이야기 글을 읽고 마음 종소리 게임으로 감정 문해력 기르기	
수업 목표	마음 종소리 게임을 통해 등장인물의 감정을 이해할 수 있다.	
준비물	『악플 전쟁』, 감정 카드, 활동지	

[함께 읽을 책]

『악플 전쟁』 이규희, 별숲

『악플 전쟁』은 핵심 등장인물 네 명이 각각 사이버 학교폭력의 가해자, 피해자, 방관자, 방어자의 역할을 맡아 온라인 세계에서 일어나는 학교폭력을 다양한 인물의 시점에서 잘 보여 주는 책입니다. 아이들은 책을 읽고 '마음 종소리 게임'을 통해 등장인물의 감정을 이해하고 특히 피해자의 입장에서 악플의 심각성과 폭력성을 배울 수 있습니다. 이제 아이들이 서로 마주 보고 대화하는 시간만큼 온라인에서 스마트폰으로 대화하는 시간이 길어졌습니다. 온라인에서는 서로 직접 대면하지 않다 보니 상대방에 대한 배려 없이 남을 비방하는 말이나 욕설 등을 더 쉽게 내뱉기도 합니다. 하지만 이렇게 무심결에 뱉는 말이 때로는 한 사람의 인생을 좌우할 정도로 커다란 사이버 폭력이 될 수 있다는 것을 이 책을 읽으며 자연스럽게 배울 수 있습니다.

[독서 전 활동]

- 학교폭력 주변인 용어 알아보기
- '마음 종소리 게임'에 활용할 감정 카드의 감정 공부하기

책을 읽기 전 학교폭력 주변인 용어를 알아봅니다. 학교폭력 가해자, 피해자가 무슨 뜻인지는 대부분 알고 있지만 방관자와 방어자 등 학교폭력 주변인에 대한 용어는 잘 모르는 경우가 많습니다. 학교폭력 주변인 용어를 공부하고 책을 읽으면 각 등장인물의 역할과 감정을 이해하는 데 도움이 됩니다. 학교폭력 주변인은 학교폭력을 목격하거나 이에 대해 듣는 사람으로, 도움이 되는 주변인과 해로운 주변인으로 구분할 수 있습니다.

학교폭력 주변인		설명	『악플 전쟁』 등장 인물
도움이 되는 주변인	방어자	피해자를 방어하거나 괴롭힘을 억제하기 위해 도움을 주는 행동을 하는 사람	진우
해로운 주변인	가해 조력자 가해 강화자	학교폭력을 조장하거나, 피해자를 비웃거나 또래 괴롭힘을 응원하는 사람	짱오 멤버 (수지, 은서, 도경, 혜미)
	방관자	학교폭력 상황에서 모른 척하며 아무것도 하지 않고 침묵하는 사람	민주

다음으로 마음 종소리 게임에 활용할 감정 카드의 감정을 미리 공부합니다. '행복한', '슬픈' 등의 잘 알려진 감정은 아이들이 이미 알고 있는 경우가 많지만 '분노', '통쾌' 등의 생소한 감정은 잘 모르는 아이들이 많습니다. 독서 전에 아이들과 감정 카드를 살펴보며 잘 모르는 감정에 대해 함께 이야기해 보고 국어사전을 활용하여 뜻을 찾아보는 활동을 하면, 독서 후에 게임을 원활하게 진행할 수 있으며 감정 문해력을 키우는 데 도움이 됩니다.

[독서 활동]

『악플 전쟁』은 현실 세계와 온라인 세계를 번갈아 가며 이야기가 진행되는 구조의 책입니다. 등장인물이 온라인 세계에서 익명성을 띠고 악플을 다는 내용이 나오기 때문에 아이들이 공감하며 읽기에 좋습니다. 그리고 등장인물이 많기 때문에 학급의 모든 아이들이 낭독극에 참여할 수 있습니다. 낭독극을 통해 아이들은 실감나게 읽으면서 자신이 맡은 등장인물의 감정에 몰입할 수 있습니다.

[독서 후 활동]

> - 활동지에 감정 카드 채우기
> - 모둠별로 '마음 종소리 게임' 하기

독서 후 읽은 책의 줄거리와 인물이 처한 상황 및 감정을 상기하여 활동지에 감정 카드의 내용을 채우는 활동을 합니다. 활동지에 적힌 감정을 확인하고 인물(서영, 미라, 민주, 진우) 중 한 명을 선택하여 그 인물이 어떤 행동을 했을 때 느꼈을 감정을 추측해 보는 활동입니다. 본격적으로 게임을 시작하기 전에 이 활동을 하면 마음 종소리 게임을 좀 더 수월하게 할 수 있습니다.

이어서 마음 종소리 게임을 합니다. 마음 종소리는 마음의 소리를 듣고 종을 울린다는 뜻입니다. 게임은 자신이 뽑은 카드에 담긴 감정과 일치하는 등장인물의 감정을 문장으로 이야기하는 것이 핵심입니다. 예를 들어 한 모둠에서 '행복한' 카드를 뽑았다면 그 모둠의 모둠원 중에 문장으로 이야기할 수 있는 사람이 종을 칩니다. "서영이가 피아노 연주를 잘해서 선생님께 칭찬받았을 때 행복했을 것 같다."와 같이 카드에 맞는 문장을 먼저 이야기하는 사람이 카드를 가져올 수 있습니다.

[활동지]

3장 | 감정 문해력 교육

> **마음 종소리 게임 방법**
> 1. 모둠별로 주어진 감정 카드를 한 장씩 번갈아 가며 뒤집는다.
> 2. 카드에 적힌 감정을 활용하여 문장으로 이야기할 수 있는 사람은 종을 친다.
>   (먼저 종을 친 사람에게 먼저 이야기할 수 있는 우선권이 있다.)
> 3. 문장을 이야기하고 다른 모둠원들의 인정을 받으면 그 사람이 해당 카드를 가져간다. (예. 긴장됨: 민주는 서영이의 가방에 머리핀을 넣을 때 긴장됐을 것 같다.)
> 4. 게임이 끝났을 때 가장 많은 카드를 가지고 있는 사람이 우승한다.
> 5. 조별 우승자는 선생님과 한 번 더 게임을 한다.

마음 종소리 게임에 활용할 감정 카드는 직접 만들 수도 있고 시중에 판매하는 감정 문해력 도구를 활용할 수도 있습니다. 저는 'OpenMoji(openmoji.org)'라는 개방형 이모지 프로젝트 사이트에서 이모지를 다운받아 감정 카드를 제작했습니다.

마음 종소리 게임을 잘하기 위해서는 등장인물의 감정을 잘 파악하고 있어야 합니다. 또한 인물이 어떤 상황에서 그러한 감정을 느꼈는지 문장으로 표현하기 위해서는 읽은 책의 내용도 잘 알고 있어야 합니다. 아이들은 게임을 통해 책의 내용을 다시 떠올릴 수 있고 상황에 따른 인물의 감정을 이해하며 감정 문해력을 키울 수 있습니다.

[수업 후기]

본 수업에서는 5학년 학생들을 대상으로 『악플 전쟁』이라는 책을 선정하여 사이버 학교폭력의 가해자, 피해자, 방관자, 방어자로 등장하는 각 등장인물의 감정을 이해해 보는 수업을 했습니다. 본 수업을 통해 학생들은 사이버 예절과 정보윤리를 접했으며, 책 속 등장인물에 감정을 이입하여 인물을 깊이 있게 이해해 보는 시간을 가졌습니다. 등장인물이 초등학교 5학년이며 학교에서 벌어지는 사건을 다루기 때문에 학생들이 몰입해서 책을 읽을 수 있었습니다.

> **수업 tip**
> 마음 종소리 게임을 할 때 모둠에서 잘하는 학생 한 명만 계속해서 이야기하지 않도록 해야 합니다. 이를 위해 교사가 개입하거나 게임의 규칙을 조정하여 모든 학생들이 최소한 한 번씩은 이야기할 기회를 갖게 하면 좋습니다.

5, 6학년 대상 '악플'을 주제로 한 문학

도서	저자	출판사
메뚜기 악플러	한영미	산하
악플 바이러스	양미진	좋은꿈
악플 숲을 탈출하라!	신은영	내일을여는책
악플 전쟁 2: 불편한 장난	이규희	별숲
우리 반에 악플러가 있다!	노혜영	예림당
정의의 악플러	김혜영	스푼북

감정 문해력 도구

도구	구입처
감정격려 카드	수업디자인연구소(www.sooupjump.org)
감정·정서 카드 느낌	학토재 행복가게(www.happyedumall.com)
감정 한 알	학토재 행복가게(www.happyedumall.com)
옥이샘의 감정툰 카드	아이스크림몰(www.i-screammall.co.kr)
이미지 프리즘 느낌	학토재 행복가게www.happyedumall.com)
정서 카드	학토재 행복가게(www.happyedumall.com)

공감과 존중으로 감정 문해력 기르기

2학년	#이해(인물·사건·배경·표현)	교사가 읽어 주기
수업 주제	그림책을 읽고 친구의 감정 이해하기	
수업 목표	1. 경험한 일을 글로 표현할 수 있다. 2. 친구의 상황을 파악하고 조언 또는 공감을 할 수 있다.	
준비물	그림책, 활동지, 말풍선 포스트잇	

 2022 개정교육과정은 협력적 소통 역량을 강조하고 있으며, 1~2학년 국어과 성취기준에 "바르고 고운 말로 서로의 감정을 나누며 듣고 말한다."가 있습니다. 이를 반영해 2학년 국어 교과서에서는 타인과의 상호작용을 학습할 수 있는 내용이 나옵니다. 이에 국어 시간에 배운 내용을 심화 학습할 수 있는 수업을 준비했습니다.

[함께 읽을 책]

『맙소사, 나의 나쁜 하루』
첼시 린 윌리스
주니어RHK

『이까짓 거!』
박현주
이야기꽃

『야호! 비다』
린다 애쉬먼
그림책공작소

『좋아, 싫어 대신 뭐라고 말하지?』
송현지
이야기공간

 초등학생의 일상에서 충분히 겪을 만한 상황을 표현한 그림책을 함께 읽어 보면서 나와 비슷한 인물의 모습에 공감하기도 하고, 나와는 다른 인물의 행동을 통해서 다른 친구에 대해 이해하게 될 것입니다.

 제시된 순서대로 그림책을 읽습니다.『맙소사, 나의 나쁜 하루』는 주인공이 보내는 수많은 날들 중에 하필이면 나쁜 일만 생기는 하루 동안의 일들을 재미있게 풀어냅니다. 짜증, 불만, 실망, 분노, 슬픔 등 어린이의 솔직한 감정을 잘 담아내고 있어서 아이들이 공감하며 읽을 수 있습니다.

 『야호! 비다』와『이까짓 거!』는 '비'를 소재로 한 작품입니다. 비 오는 날은 우산을 챙겨야 하고 옷이 젖게 되어 아주 귀찮은 날이라고 생각하는 학생들이 많습니다.『야호! 비다』속 할아버지와 꼬마는 비를 다르게 바라봅니다. 할아버지는 비를 아주 성가셔하고, 꼬마는 비 오는 날 스스로 개구리가 되며 즐거운 시간을 보내지요.『이까짓 거!』의 주인공은 우산이 없는데 갑자기 비가 내려 난감해 합니다. 작년에 같은 반이었던 친구가 우산이 없음에도 불구하고 비를 뚫고 가는 모습을 보고 용기를 냅니다. 학생들은 두 그림책을 읽고, 사람마다 같은 상황을 다르게 받아들일 수 있다는 점을 깨달을 수 있습니다.

『좋아, 싫어 대신 뭐라고 말하지?』는 초등학생의 하루를 그린 그림책으로, 하루 동안 겪는 일을 단순히 '좋아'와 '싫어'로만 말하기보다는 나의 느낌과 감정을 구체적으로 표현하는 방법을 알려 줍니다.

[독서 중 활동]

감정문해력을 높이는 질문
- 주인공과 비슷한 경험을 한 적이 있나요?
- 비가 오는데 우산이 없으면 어떻게 할까요?
- 외출하기로 했는데 비가 오면 어떤 생각이 들까요?
- 주변에 말을 예쁘게 하는 사람이 있나요?

이런 활동도 가능해요!
책 속 상황으로 밸런스 게임하기

비가 안 온다고 했는데 갑자기 비가 와요.		비가 오는데 우산이 없어요. 친구 부모님이 같이 가자고 말씀하셨어요.	
오늘 체육을 못 하네! 에잇 짜증나!	비가 오니까 시원하고 좋다!	전 괜찮아요!	감사합니다!
비가 오는데 우산이 없어요. 근데 같은 반 친구가 그냥 뛰어가요.		같이 비 맞고 뛰어가던 친구가 학원에 갔어요. 난 어떻게 할까요?	
저렇게 하면 비 다 맞는데…	나도 같이 뛰어가야지!	학원 건물에서 비가 그치기를 기다린다.	이까짓 거! 집까지 혼자 뛰어간다.

내가 책 속의 상황에 처했다면 어떻게 말했을까요?		
더 자고 싶은데 엄마가 일어나라고 할 때	엄마가 내가 제일 좋아하는 오므라이스를 해 줬을 때	오늘 꼭 입고 싶은 옷이 세탁기 속에 있을 때
학교 가는 길, 개똥을 밟았을 때	친한 친구들이 나랑 같은 옷을 입고 왔을 때	학교에 왔는데 실내화 주머니에 실내화가 없을 때
열심히 공부한 내용을 실수로 틀렸을 때	신나게 놀고 있는데 쉬는 시간이 끝났을 때	피아노 연습을 하는데 손가락이 내 맘대로 움직이지 않을 때

[독서 후 활동]

감정을 친구들과 공유하고 공감받기 위해서는 내가 겪은 일을 정확하게 표현할 수 있어야 합니다. 또한 친구가 겪은 일을 충분히 이해하고, 그 상황에서 어떤 말로 반응을 하면 좋을지 생각하면서 공감하는 표현을 할 수 있습니다.

이와 관련해서 두 가지 활동을 합니다. 우선 활동지를 활용해 각자 겪은 일을 한 가지씩 쓰도록 합니다. '좋았다', '나빴다' 등의 감정 표현은 배제하고 그저 있었던 일을 쓰게 합니다. 글로 표현하기 어렵거나 부연 설명이 필요하다면 간단한 그림을 그려도 됩니다.

이어서 짝과 활동지를 바꾸고, 각자 짝이 어떤 일을 겪었는지 읽습니다. 오른쪽 빈 공간에 말풍선 포스트잇을 붙이고, 나라면 그 상황에서 어떻게 말했을지 써 보게 합니다. 포스트잇이 3개 붙을 때까지 옆, 뒤 친구들과 활동지를 교환하면서 활동을 이어 갑니다. 학생들의 활동지에 말풍선 포스트잇 3개가 붙으면, 교사가 활동지를 걷어 실물화상기로 보여 주며 학생들이 쓴 내용을 읽어 줍니다.

[활동지]

공감과 존중으로 감정 문해력 기르기

2학년   반 이름:

어제 또는 오늘 있었던 일 중, 기억에 남는 일을 표현해 봅시다.
(글로 써도 좋고, 그림으로 그려도 좋습니다.)

```
┌─────────────────────────────────────┐
│                                     │
│                                     │
│                                     │
│                                     │
│                                     │
└─────────────────────────────────────┘
```

친구에게 어떤 말을 해 주면 좋을까요? 말풍선 포스트잇에 써서 붙여 보세요.

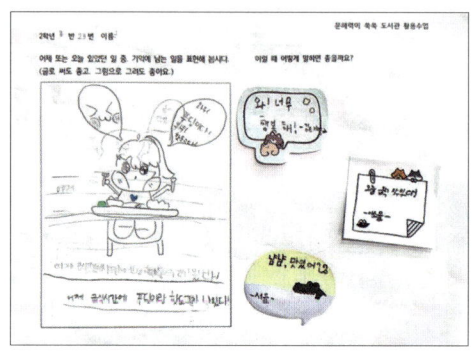
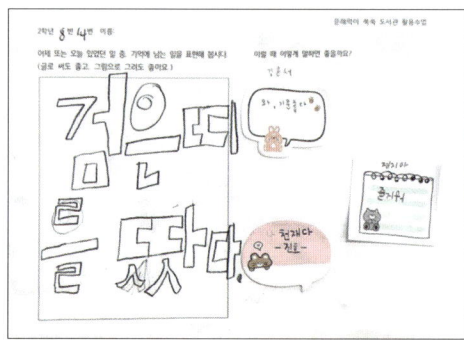

활동지 예시

[수업 후기]

10분 동안 잔소리를 하는 것보다 그림책 한 권을 읽어 주는 것이 효과적이라는 것을 느끼게 해 준 수업이었습니다. 이 수업을 통해 학생들에게 하고 싶었던 말을 그림책을 통해 온전히 전달해 주었습니다. 이 그림책들을 읽는다고 해서 나쁜 하루가 좋은 하루로 바뀌는 것도 아니고 비 오는 날이 갑자기 즐거운 날로 변하지는 않을 것입니다. 하지만 나와 비슷한 일상을 보내는 친구들이 존재한다는 것, 나의 감정을 온전히 공감하고 이해해 주는 친구들이 있다는 사실을 아는 것만으로도 학생들은 큰 위로를 받고 하루하루를 살아갈 원동력을 마련할 수 있습니다.

> **수업 tip**
> 『좋아, 싫어 대신 뭐라고 말하지?』에서는 구체적으로 자신의 상황을 표현하는 말들이 나옵니다. 하지만 말풍선 포스트잇에 쓸 때는 어려워하는 학생들이 있을 수 있으므로 간단히 써도 된다고 안내합니다.
> 친구의 글에 말풍선 포스트잇이 댓글처럼 3개가 달리면, 실물화상기로 함께 읽는 시간을 꼭 가지세요. 아이들은 자신의 상황을 공감 받는 느낌을 정말 좋아합니다.

어린이의 일상을 담백하게 표현한 그림책

도서	저자	출판사
내 마음이 커져요	양혜원	맑은물
내가 가장 듣고 싶은 말	허은미	나는별
내가 말할 차례야	크리스티나 테바르	다봄
내가 잘하는 건 뭘까	구스노키 시게노리	북뱅크
내가 잘하는 건 뭘까?	유진	빨간콩
다 내 꺼야	이상교	소담주니어
수영장 가는 날	염혜원	창비
아 진짜	권준성	어린이아현
왜 우니?	소복이	사계절
처음 학교 가는 날	제인 고드윈	파랑새
혼나지 않게 해 주세요	구스노키 시게노리	베틀북

2부

문해력
새싹 키움

- 4장 -

다양한 수업 도구를 활용한 문해력 교육

문해력 교육을 할 때 다양한 수업 도구를 활용하면 더욱 풍부하고 재미있는 수업을 구성할 수 있습니다. 수업 도구는 수업에 활용할 책 자체가 될 수도 있고, 포스트잇과 같이 평상시에 자주 활용하는 간단한 도구가 될 수도 있습니다. 각 수업에 맞는 수업 도구를 직접 제작할 수도 있지만 매번 제작하려면 많은 시간과 노력이 필요하기에, 시중에서 판매하는 다양한 수업 도구를 구입하여 활용할 수도 있습니다. 이 장에서는 그림책, 동화, 정보책 등 책의 종류에 따라 활용하기 적절한 다양한 수업 도구를 소개합니다. 그리고 가치 수직선 토론 교구, 포스트잇, 롤링페이퍼, 보드게임과 같은 다양한 수업 도구를 활용한 문해력 교육 방법을 소개합니다. 각 수업 도구는 학생들의 흥미와 관심을 끌어낼 수 있으며, 이를 통해 학생들은 더욱 즐겁고 효과적으로 문해력을 기를 수 있습니다. 또한 교사가 직접 제작하거나 구입하여 활용할 수 있는 수업 도구를 소개함으로써 문해력 교육의 실천적인 방안을 제시하고자 합니다.

북큐레이션으로
독서 흥미 높이기

1학년	#줄거리요약 #이해 #어휘 #추론	교사가 읽어 주기
수업 주제	내가 좋아하는 책 알아보기	
수업 목표	책의 종류를 소개하는 그림책을 읽고 여러 가지 모양의 책을 읽을 수 있다.	
준비물	수업에 활용할 그림책, 북큐레이션에 활용할 책, 활동지	

아이들이 책을 읽지 않는 이유는 무엇일까요? 여러 이유 가운데 '어떤 책을 읽어야 할지 모른다.'가 제법 큰 비중을 차지하고 있습니다. 아직 어떤 책을 읽어야 할지 모르기 때문에 학교도서관의 많은 책 가운데 자신이 좋아하는 책을 고르기가 쉽지 않습니다. 이런 학생들을 위한 수업이 북큐레이션 수업입니다. 책을 끊임없이 추천해 주는 이 수업을 통하여 아이들은 자신의 독서 취향과 자신에게 맞는 책을 알아볼 수 있습니다.

이 수업을 진행할 때는 아이들이 새로운 장르의 책에 흥미를 느끼게 해야 합니다. 교실 한쪽에 전시된 책을 입맛에 맞게 골라 읽어서 읽기 유창성을 높일 수 있도록 하는 것이 중요합니다. 이 수업을 통하여 아직 많은 책을 접해 보지 못한 1학년 학생들이 재미있고 다양한 주제의 책을 알아가고, 독서 흥미를 키울 수 있습니다.

[함께 읽을 책]

『**난 책이 좋아요**』 앤서니 브라운, 웅진주니어

책의 종류를 소개하는 책은 다양합니다. 이 중 앤서니 브라운의 『난 책이 좋아요』를 수업에서 활용한 예를 소개하겠습니다. 이 책은 교사가 직접 읽어 주면서 다양한 종류의 책을 소개할 수 있는 그림책입니다. 주인공 침팬지가 좋아하는 책의 종류를 차례로 소개하는 내용인 이 그림책은 교사가 직접 읽어 주는 것을 추천합니다. 아울러 침팬지가 소개하는 책의 주제에 맞춰 교사가 북큐레이션하는 활동과 연계하면 좋습니다.

같은 주제를 담은 책			

문해력을 높이는 질문(『난 책이 좋아요』)

책을 읽기 전	-'책'은 무엇인가요? -여러분은 어떤 책을 좋아하나요? -표지를 살펴봅시다. 주인공은 누구인가요? 제목은 무엇인가요? -침팬지가 읽고 있는 책은 어떤 책일까요? 이야기를 상상해 보세요.
책을 읽는 중	-선생님이 뽑은 가장 무서운 책은 어떤 책일까요? -그림자나 침팬지의 옷차림을 살펴보세요. -그림 속에서 비밀을 찾아보세요. -침팬지가 패러디한 책은 어떤 책일까요? -나만 알고 있기 아까운 웃기는 책을 짝꿍에게 소개해 보세요.
책을 읽은 후	-어떤 이야기였는지 짝꿍에게 말해 봅시다. -어떤 책이 등장했는지 다시 떠올려 봅시다. -침팬지가 가장 좋아하는 책은 어떤 책일까요? -내가 가장 좋아하는 책을 짝꿍에게 소개해 보세요. -우리 학교도서관에서 가장 읽고 싶은 책은 어떤 책인가요?

[독서 중 활동]

북큐레이션 수업을 할 때 관련 도서를 미리 확보해 칠판 앞에 전시해 두고 활용하는 것을 추천합니다. 이 수업은 그림책 속 침팬지가 책을 소개할 때마다 교사가 해당하는 주제의 책을 안내하는 방식이기 때문입니다. 실물 책을 보여 주며 내용을 살짝 말하면 아이들의 흥미도가 더욱 올라갑니다. 실물 책 확보가 어려우면 인터넷 서점에서 책을 찾아 보여 주며 안내해도 괜찮습니다. 예를 들면 웃기는 책은 구도 노리코의 『기차가 덜컹덜컹』을, 으스스하게 무서운 책은 『밥 안 먹는 색시』를, 만화책은 '마법 천자문' 시리즈나 '천재가 되다!' 시리즈를 소개합니다.

'얇은 책도 좋아요'가 등장하는 쪽에서는 앤서니 브라운의 그림책을 소개합니다. 동물이 등장하는 『동물원』은 동물원이 사람을 위한 곳인가, 동물을 위한 곳인가에 대해 생각해 보게 하는 그림책입니다. 『우리 엄마』, 『우리 아빠가 최고야』, 『우리 형』은 한 가족의 구성원을 번갈아 가며 그림책의 주인공으로 내세워서, 아이들이 자신과 비교하며 읽고, 이야기의 주인공에게 감정 이입하게 합니다. 『행복한 미술관』의 우스꽝스러운 그림이나 다른 그림 찾기 같이 재미있는 구성은 아이들이 그림책에 몰입하게 하는 요소입니다. 그래서 이 수업을 진행할 때는 앤서니 브라운의 그림책을 칠판 앞에 전시합니다. 앤서니 브라운 작가 중심 읽기로 아이들의 독서 영역을 더 확장할 수 있도록 도와줍니다.

그림책을 읽을 때는 침팬지의 그림자나 그림 속 비밀을 아이들과 함께 찾아가면서 읽습니다. 선생님이 추천하는 책을 보여 주기 전에는 어떤 책을 준비했을지 예상해 보는 시간을 충분히 줍니다. 이 수업을 진행하다 보면 아이들이 평소 읽는 책이 어떤 책인지 금방 파악할 수 있습니다. 평소 책을 많이 읽은 학생은 해당 주제의 책 제목을 줄줄이 말합니다. 반면 책을 좋아하지 않는 학생은 선생님이 소개해 주는 책을 보며 그제야 눈을 반짝이고 관심을 갖기 시작합니다.

[독서 후 활동]

> **활동1.** 〈내가 좋아하는 책 체크리스트〉 활동지에 좋아하는 책 체크하기
> **활동2.** 학교도서관에서 가장 마음에 드는 책 골라 책 제목 쓰기

『난 책이 좋아요』와 연계한 독후활동은 읽기 활동을 하기 전에 〈내가 좋아하는 책 체크리스트〉 활동지를 나누어 주고 진행합니다. 내가 좋아하는 주제의 책에 체크하고, 읽고 싶은 책이 어떤 책인지 생각해 볼 수 있는 활동입니다. 체크리스트를 완성한 다음에는 학교도서관을 탐방하며 가장 마음에 드는 책을 골라서 책 제목을 쓸 수 있도록 안내합니다.

 이 활동을 통해 아이들의 독서 편식을 막을 수 있고, 아이들이 자연스레 다양한 종류의 책을 알아볼 수 있어서 일거양득의 효과를 얻게 됩니다. 모둠 활동으로 저마다 좋아하는 책에 대해 이야기를 나누어 볼 수 있게 합니다. 친구가 좋아하는 책은 어떤 책인지, 친구는 평소에 책을 얼마나 읽는지 등 다양한 이야기를 나누도록 안내합니다.

[수업 후기]

『난 책이 좋아요』를 쓴 앤서니 브라운은 어린이들이 좋아하는 그림

[활동지]

1학년   반   이름:

내가 좋아하는 책 체크리스트

1. 내가 좋아하는 책은 어떤 책인가요? ■ 안에 체크해 보세요.

웃기는 책	☐
무서운 책	☐
전래 동화책	☐
동요 책	☐
만화책	☐
공룡 이야기책	☐
괴물 이야기책	☐
숫자 세기 책	☐
글자 배우는 책	☐
우주 이야기책	☐
해적이 나오는 책	☐
( ) 책	☐
( ) 책	☐
( ) 책	☐
( ) 책	☐

2. 도서관에서 내가 좋아하는 책을 찾아 제목을 적어 보세요.

책 특별 전시

책 작가 중 한 명입니다. 좋은 그림책을 주제로 준비한 수업은 작가를 초청해서 강연한 듯한 효과를 불러올 만큼 몰입도가 높고, 흥미로운 수업입니다.

이 수업에 참여한 학생은 한 권의 그림책을 읽었는데 10권 이상의 읽고 싶은 책이 새로 생깁니다. 읽고 싶은 욕구가 생겼을 때, 가장 효과적인 프로그램이 책 전시입니다. 북큐레이션에 소개된 책은 특별 전시 코너에 전시하고, 일주일간 읽어 볼 수 있게 운영하니 많은 학생이 책에 관심을 보였습니다.

이 수업을 통해 자신만의 독서 취향을 갖지 못한 학생에게 좋아하는 책을 알아볼 기회를 줄 수 있습니다. 다양한 책을 읽고 내용을 추론하는 능력과 표현을 이해하는 능력은 초등학생에게 꼭 필요한 기초 문해력입니다. 북큐레이션 수업을 통해 다양한 그림책을 접하면서 많은 책을 읽으면, 문해력에서 가장 중요한 읽기 유창성, 추론력, 표현 이해력이 자연스럽게 성장합니다.

교실 공간을 서점처럼 특색 있게 꾸미면 어떨까요? 우연히 특별 코너에 전시된 책을 만난 독자가 그 책이 인생에서 가장 소중한 책이 됐다며 고백하는 상상을 해봅니다. 이것이 책의 존재 이유 아닐까요? 아이 곁에서 "이 책은 재미있어.", "이 책은 너에게 딱 맞을 거야.", "이 책은 너에게 꼭 필요해."라고 끊임없이 말을 거는 큐레이션 활동이 문해력의 시작입니다.

수업 tip

『난 책이 좋아요』를 읽어 주면서 적절히 시간 배분하여 전시한 실물 책을 아이들에게 보여 주세요. 큐레이션 도서는 여유 있게 미리 준비해서, 모둠별로 다양한 책을 볼 수 있도록 합니다.

『난 책이 좋아요』를 읽어 주며 큐레이션 한 책

주제	도서	저자	출판사
웃기는 책	엉덩이 탐정 시리즈	트롤	미래앤아이세움
무서운 책	밥 안 먹는 색시	김효숙	길벗어린이
전래 동화	똥벼락	김회경	사계절
	훨훨 간다	권정생	국민서관
동요	말놀이 동요집	최승호	비룡소
만화책	마법천자문 시리즈	유대영	아울북
	천재가 되다 시리즈	Mr. Sun 어학연구소	올드스테어즈
색칠하기	앤서니 브라운 컬러링 엽서북	앤서니 브라운	웅진주니어
두꺼운 책	브리태니커 세계 대백과사전	한국브리태니커	동아일보사
얇은 책	앤서니 브라운 작가의 그림책		
공룡 이야기	고 녀석 맛있겠다 시리즈	미야니시 타츠야	달리
	알 속으로 돌아가!	경혜원	한림출판사
괴물 이야기	괴물들이 사는 나라	모리스 샌닥	시공주니어
	쇠를 먹는 불가사리	정하섭	길벗어린이
숫자 세기	고릴라 가족	앤서니 브라운	웅진주니어
	딱 하나 고를게	로렌 차일드	국민서관
글자 배우기	움직이는 ㄱㄴㄷ	이수지	길벗어린이
우주 이야기	라이카는 말했다	이민희	느림보
	우주로 간 김땅콩	윤지회	사계절
해적이 나오는 책	셜리야, 물가에 가지 마!	존 버닝햄	비룡소
이상한 이야기	도서관의 비밀	통지아	그린북
	서랍 속 먼지 나라에 무슨 일이?!	남동윤	씨드북

그림책 읽고
가치수직선 토론하기

5, 6학년	#이해(인물 · 사건 · 배경 · 표현)	교사가 읽어 주기
수업 주제	그림책 읽고 가치수직선 토론하기	
수업 목표	토론을 통해 나의 생각을 표현하고 친구의 생각을 이해할 수 있다.	
준비물	그림책, 가치수직선 토론 키트, 활동지	

처음 토론을 시작한다면 또는 학생의 수준과 관계없이 다 같이 토론에 참여하고 싶다면 그림책 활용을 적극 추천합니다. 그림책은 수업 시간 중 함께 읽을 수 있어서 이야기를 다 따라오지 못하는 학생 없이 토론을 시작할 수 있습니다. 또한 학생들이 접근하기에 장벽이 낮아서 '이 정도는 나도 할 수 있다'는 자신감을 채워 주고 시작할 수 있습니다. 그림책을 활용한다면 토론을 쉽게 시작할 수 있을 뿐만 아니라 간단한 논제부터 깊이 있는 논제까지 다룰 수 있습니다. 학생들은 토론에 참여하는 것만으로도 주어진 이야기를 이해하고 자신의 의견을 논리적으

로 표현하는 연습을 할 수 있습니다. 이를 통해 문해력을 향상시키고 책 속 이야기와 친구의 의견을 이해하는 능력을 키울 수 있습니다.

[독서 활동]

수업을 시작하기 전 교사는 미리 책을 읽고 토론할 수 있는 논제를 정합니다. 논제를 학생들이 만들 수 있다면 함께 만들어도 좋습니다. 그림책을 활용한다면 학생 간 문해력 격차가 있어도 다 함께 활동에 참여하게 할 수 있습니다. 가능하다면 그림책을 끝까지 읽지 않고 중간에 토론을 시작합니다. 학생들은 이야기의 결말에 영향을 받아 깊이 생각해 보지 않고 의견을 정하기도 하기 때문입니다.

[독서 후 활동]

활동 순서는 다음과 같습니다.

1. 교사가 논제를 제시한다.
2. 학생들은 논제에 대한 자기 생각을 결정하고 활동지에 그렇게 생각한 이유를 적는다.
3. 칠판에 제시된 가치수직선에서 자기 입장에 해당하는 위치에 이름표를 붙인다.
4. 매우 찬성 -> 매우 반대 -> 찬성 -> 반대 -> 중립 순으로 발표한다.
5. 발표를 듣고 서로 궁금한 점을 질문한다.
6. 발표와 질문이 끝난 후 자기 생각을 활동지에 작성한다.

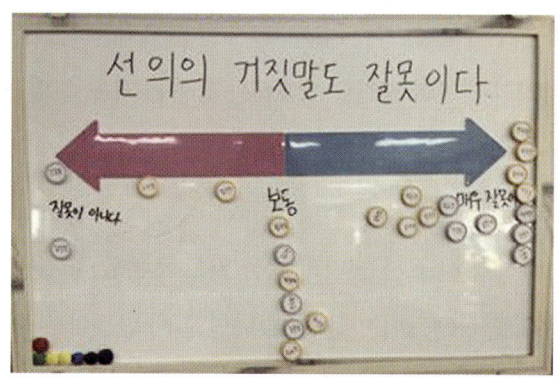

가치수직선 토론 예시

교사가 논제를 제시하면 학생들은 논제에 대해 자신의 생각을 결정합니다. 활동지에 자신의 입장과 그렇게 생각한 이유를 적습니다. 의견이 모두 정해졌으면 칠판에 제시된 가치수직선에 자신의 입장을 붙입니다. 이때 시중에 판매하고 있는 가치수직선 토론 교구를 활용하면 활동을 더 쉽고 재미있게 할 수 있습니다.

'매우 찬성 -〉매우 반대 -〉찬성 -〉반대 -〉중립' 순으로 발표를 진행합니다. 이때 친구들의 발표를 듣다가 중간에 마음이 바뀌어도 처음 선택한 입장을 발표할 수 있도록 합니다. 다른 사람의 의견에 쉽게 동조하는 경향이 있는 학생들은 먼저 발표한 쪽의 의견을 따라갈 수 있기 때문입니다. 대신 두 번째 의견 발표를 위해 친구들의 발표를 들으며 메모를 할 수 있도록 안내합니다. 이때 교사가 학생의 의견을 칠판 또는 화면에 정리해 주는 것을 추천합니다.

첫 번째 의견 발표가 모두 끝났다면 논제에 동의하는 학생과 동의하지 않는 학생이 서로 궁금한 점을 질문합니다. 서로 질문하기 어렵

[활동지]

그림책으로 가치수직선 토론하기

( )학년 ( )반 이름 ( )

책 제목			
지은이		출판사	
논제(토론 주제)			
가치수직선 위에 내 생각 나타내기			

	매우 반대	반대	중립	찬성	매우 찬성
토론 전 생각					
이유					

	매우 반대	반대	중립	찬성	매우 찬성
토론 후 생각					
생각이 바뀐 이유					

다면 이 과정은 생략해도 괜찮습니다. 토론이 끝난 후 생각이 바뀐 학생은 바뀐 결정과 그 이유를 활동지에 적도록 합니다. 생각이 바뀌지 않은 학생은 바뀌지 않은 이유 또는 다른 학생 의견 중 가장 공감 가는 의견을 적도록 합니다.

[수업 후기]

수업을 시작하기 전 오늘 함께 읽을 책은 그림책이라고 하니 학생들은 그림책은 시시하다며 아우성쳤습니다. 토론을 위해 책을 중간까지만 읽어 주었습니다. 그러자 처음 반응과 달리 학생들은 결말을 궁금해하는 반응을 보였습니다.

    토론을 처음 하는 학생들과 수업을 진행하면 논제를 직접 만들기 어려울 수 있습니다. 학생들이 논제에 익숙해지면 직접 논제를 만드는 활동까지 확장해 보면 좋을 것 같습니다. 시중에 나와 있는 다양한 토론 교구들을 활용하면 활동을 쉽게 진행할 수 있습니다.

토론 교구 안내

토론 교구	구입처
가치수직선 토론 키트	학토재(www.happyedumall.com)
꼬꼬무 활동지_얼굴말풍선	
어린이 하브루타 토론스틱	
하브루타 독서보드 게임	
7키워드 무지개 독서 토론카드	
[더난교육] 진로 독서토론 신호등카드	아이스크림몰(www.i-screammall.co.kr)

포스트잇 인터뷰 토론으로 인물 이해하기

5, 6학년	#이해(인물·사건·배경·표현) #추론	낭독극으로 읽기
수업 주제	이야기 글을 읽고 포스트잇 인터뷰 토론하기	
수업 목표	포스트잇 인터뷰 토론으로 읽은 책의 등장인물을 이해할 수 있다.	
준비물	수업에 활용할 책, 포스트잇, 활동지	

[함께 읽을 책]

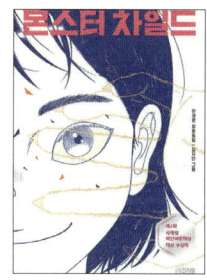

『**몬스터 차일드**』 이재문, 사계절

『몬스터 차일드』는 가상의 질병 '돌연변이종양 증후군'에 걸린 아이들이 차별과 편견을 극복하며 자기 자신을 사랑하게 되는 이야기입니다. 이야기 구성도 탄탄하고 그림체도 매력적이어서 수업 후에 많은 아이들이 인생책으로 꼽았습니다. 핵심 등장인물 네 명이 등장하기에 포스트잇 인터뷰 토론을 하기 적합한 책입니다.

4장 | 다양한 수업 도구를 활용한 문해력 교육   127

[독서 중 활동]

등장인물을 이해하고 등장인물의 속마음을 추론하는 것이 포스트잇 인터뷰 토론의 주된 내용이기 때문에 아이들이 등장인물이 되어 책을 실감나게 읽어 볼 수 있는 '낭독극으로 읽기'를 활동으로 선택했습니다.

목차에 따라 하나의 장 이야기가 끝나면 잠시 책 읽기를 멈추고 포스트잇을 활용하여 질문 만들기 활동을 합니다. 각기 다른 색깔과 모양의 포스트잇을 활용하여 책에 정답이 있는 '정답질문', 인물의 감정을 추론하는 '감정질문', 만약의 상황을 가정하는 '만약에 질문'을 만드는 활동입니다. 여기서 만드는 질문은 인물에게 직접적인 질문을 하는 포스트잇 인터뷰 토론에 쓰이는 질문과는 다르지만 읽은 책의 내용을 되짚어 보고 질문 만드는 연습을 하기에 적합한 활동입니다. 질문의 예시는 아래와 같습니다.

정답질문(포스트잇 앞면)	정답(포스트잇 뒷면)
하늬가 변이했을 때 머리카락과 눈동자는 무슨 색인가요?	흰색, 녹색
감정질문(포스트잇 앞면)	내 생각(포스트잇 뒷면)
연우는 아이들에게 괴물이라는 말을 들었을 때 어떤 마음이었을까요?	속상한 마음 비참한 마음 화나는 마음
만약에 질문(포스트잇 앞면)	내 생각(포스트잇 뒷면)
만약에 MCS에 걸린 친구들이 소장님을 만나지 못했다면 어땠을까요?	자기 자신을 있는 그대로 받아들이지 못하고 미워했을 것이다.

질문 만들기 활동이 끝난 학생은 앞으로 나와 화이트보드에 자신이 만든 질문을 붙이도록 합니다. 모든 학생들의 질문 만들기 활동이 끝나면 교사가 포스트잇을 골라 질문을 읽어 주고 학생들이 정답을 맞히거나 질문에 대한 본인의 생각을 말하도록 합니다. 이때 질문에 대답한 학생이 나와서 또 다른 포스트잇을 골라 질문을 읽어 줍니다. 다음으로 정답을 맞히거나 자신의 생각을 말한 학생이 나와 다시 포스트잇 질문을 읽는 순서로 이어갑니다. 본인이나 친구들이 직접 만든 질문이기 때문에 학생들의 참여도가 매우 높습니다. 서로가 만든 질문을 보면서 질문 만드는 연습을 할 수 있습니다.

[독서 후 활동]

포스트잇 토론의 골격이 되는 '핫시팅(Hot-Sitting)'이란 책 속 가상의 인물과 대화하는 토론 기법입니다. 의자에 한 명 또는 여러 명이 앉아 책 속의 인물이 되어 서로 질문을 주고받습니다. 학급 전체가 핫시팅을 하려고 한다면 마치 기자회견처럼 주인공 역할을 맡은 학생이 의자에 앉아 있고 나머지 학생들이 질문을 할 수도 있으며, 학급 전체를 여러 개의 모둠(여러 명의 등장인물)으로 나누어 서로의 모둠에게 번갈아 가며 질문을 하도록 할 수도 있습니다. 다만 핫시팅은 대본 없이 즉흥적으로 질문에 답해야 하기 때문에 초등학생의 수준에서 깊이 있는 대답이 나오기 힘듭니다. 게다가 질문에 대답하는 역할에 부담감을 느껴 서로 주인공 역할을 맡지 않으려고 할 수도 있습니다. 이러한 핫시팅의 단점을 보완한 것이 바로 포스트잇 인터뷰 토론입니다. 이 활동은 핫시팅의 골격을 빌리되, 구두 질문이나 발표에 대한 부담을 줄이기 위해 포스트잇을 활용한 방법으로 토론 진행 순서는 다음과 같습니다.

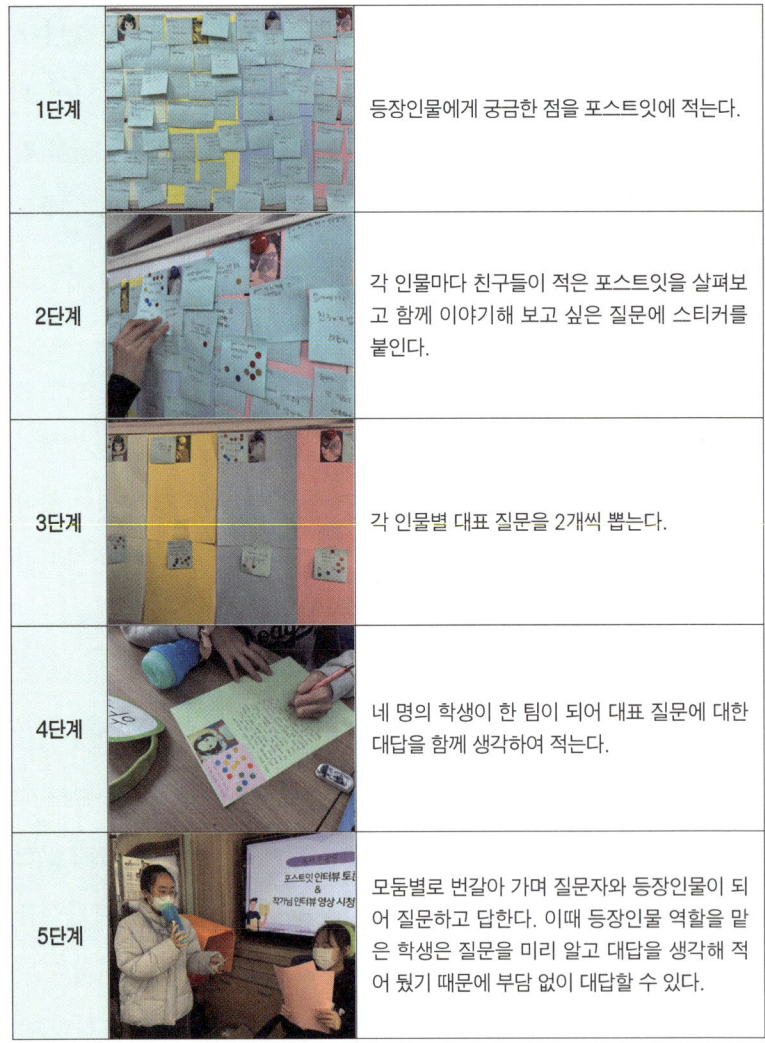

1단계		등장인물에게 궁금한 점을 포스트잇에 적는다.
2단계		각 인물마다 친구들이 적은 포스트잇을 살펴보고 함께 이야기해 보고 싶은 질문에 스티커를 붙인다.
3단계		각 인물별 대표 질문을 2개씩 뽑는다.
4단계		네 명의 학생이 한 팀이 되어 대표 질문에 대한 대답을 함께 생각하여 적는다.
5단계		모둠별로 번갈아 가며 질문자와 등장인물이 되어 질문하고 답한다. 이때 등장인물 역할을 맡은 학생은 질문을 미리 알고 대답을 생각해 적어 뒀기 때문에 부담 없이 대답할 수 있다.

[수업 후기]

포스트잇 인터뷰 토론은 모둠원과 상의하여 미리 대표 질문의 대답을 적어 놓기 때문에 핫시팅에 비해 풍부하고 깊이 있는 대답이 나올 수 있었습니다. 또한 등장인물 역할을 맡아 질문에 대답하는 학생들의 부담이 적은 편이라 부담감을 느끼는 학생 없이 모두가 즐겁게 참여할 수 있는 활동이었습니다. 학생들은 포스트잇 인터뷰 토론을 통해 책 속 등장인물을 더욱 깊이 있게 이해할 수 있었으며 가상의 인물이 되어 질문에 대한 대답을 고민하면서 추론 능력을 키울 수 있었습니다.

수업 tip

모둠별로 역할을 나눌 때 학생들이 자신과 비슷한 점이 있거나 가장 공감 가는 인물을 선택할 수 있도록 하면 좋습니다. 감정이입을 가장 잘할 수 있는 인물의 역할을 맡는다면 질문에 대답하기 수월할 것입니다. 그리고 의자에 앉아 가상의 인물이 되어 질문에 대답하는 학생에게 그 역할의 중요성을 잘 설명해 주세요. 진지한 분위기 속에서 약간의 연극을 곁들여 낭독극처럼 읽으면 더욱 좋습니다.

포스트잇 인터뷰 토론을 하기 좋은 책(명확한 역할이 있는 인물이 네 명 이상 등장)

구분	도서	저자	출판사
그림책	곰씨의 의자	노인경	문학동네
	돼지책	앤서니 브라운	웅진주니어
	빨간 벽	브리타 테켄트럽	봄봄출판사
동화책	5번 레인	은소홀	문학동네
	귀신도 반한 숲속 라면 가게	이서영	크레용하우스
	기소영의 친구들	정은주	사계절
	담을 넘은 아이	김정민	비룡소
	도깨비폰을 개통하시겠습니까?	박하익	창비
	수상한 아파트	박현숙	북멘토
	악플 전쟁	이규희	별숲
	오월의 달리기	김해원	푸른숲주니어
	절대 딱지	최은영	개암나무

동화 낭독극으로
읽기 문해력 쑥쑥

3~6학년	#줄거리요약 #이해(인물·사건·배경·표현) #추론	역할 정해 읽기
수업 주제	동화 낭독극을 통한 온전한 작품 이해하기	
수업 목표	낭독극으로 깊이 있게 동화를 이해할 수 있다.	
준비물	희곡으로 각색된 도서, 활동지	

[낭독극으로 책 읽기]

낭독극은 글을 읽고 내용을 들려주는 낭독과 보여 주는 연극이 결합한 공연 형식을 의미합니다. 읽는 사람은 이야기의 맥락과 정서 등을 해석하고 맡은 역할에 감정을 반영하여 목소리, 표정, 동작을 연기합니다. 낭독극은 연극 공연의 대본 외우기와 연기의 부담없이 여러 효과를 맛볼 수 있다는 장점이 있습니다. 낭독으로 함께 책을 읽으면 글을 더 정확하고 깊게 이해할 수 있기에 읽기 문해력 향상에 도움이 됩니다.

[함께 읽을 책]

『돌 씹어 먹는 아이』 송미경, 문학동네

5~6학년 학생들과 온작품 읽기를 하면서 온작품 읽기용 책이 희곡집으로 각색되어 나온 문학동네의 '어린이 희곡' 시리즈 11편을 만났습니다. 이 시리즈를 활용하면 원작과 희곡을 비교하면서 읽는 재미를 느낄 수 있고, 대본 각색 작업의 부담도 줄일 수 있습니다. 처음 하는 선생님에게는 원작 동화를 각색한 희곡집을 추천합니다.

「돌 씹어 먹는 아이」 동화를 완독한 후, 각색된 희곡을 읽었습니다. 원작 동화와 희곡으로 각색된 작품의 차이점에 대해 이야기를 나누었더니, 학생들이 책을 더 깊고 입체적으로 이해할 수 있었습니다. 두 작품을 비교하며 읽으면 축약 부분과 덧붙인 부분 등의 차이점이 드러나, 동화를 희곡으로 각색할 때 유용한 팁을 얻을 수 있습니다. 또한 학생들이 동화를 희곡으로 바꾸어 쓰기 활동을 할 때 도움이 됩니다.

[온작품 읽기와 낭독극의 만남]

낭독극은 장소에 구애받지 않고, 연기력이 크게 필요하지 않으며, 모든 아이들이 참여하여 즐거움과 흥미를 느낄 수 있다는 장점이 있습니다. 낭독은 낭독자의 목소리 높낮이와 어조를 통해 관객이 작품을 감상할 수 있게 합니다. 이를 통해 작품의 감동을 입체적으로 느낄 수 있습니다.

낭독극은 온작품 전체로 꾸리는 것보다는 학생들과 협의를 통해 장편 중 주요 내용을 간추려 선정한 부분을 15~20분 정도로 낭독하는 것이 좋습니다. 교실 내 낭독극 활동 시에는 학급 구성원이 모두 참여하는 것을 원칙으로 합니다. 주요 배역은 복수의 아이들로 선정하여 번갈아 가며 읽거나 한 챕터씩 나누어 읽습니다.

낭독극 준비하기 단계에서는 기타나 피아노 연주곡을 배경음악으로 사용하고, 책의 삽화를 PPT로 띄어 놓는 것도 좋습니다. 이러한 연출로 학생들은 목소리 연기에 더욱 집중할 수 있습니다. 학급이나 학교의 여건에 따라 자리 내에서 대화 글을 실감나게 낭독하는 것부터 무대를 따로 꾸려서 멋지게 연출하는 낭독 공연까지 다양한 낭독극을 시도하길 추천합니다.

온작품 읽기와 낭독극 수업 과정

1. 온작품 읽기 도서 선정 및 책 읽기
   모둠 구성하기
   역할 정해 온책 읽기
2. 낭독극 준비(연습)하기
   모둠별 장면 정하기
   역할 정해 연습하기
   배경음악, 효과음, 배경, 간단한 소품 준비하기
3. 낭독극 발표
   무대 꾸며 낭독극 발표하기
4. 소감 나누기

[활동지]

동화 낭독극 후 작품에 대해 되돌아보고 작성해 봅시다.

동화 낭독극 제목:						
학년		반		번호		이름

1. 작품 줄거리 간추리기:

2. 나의 역할 소개:

3. 등장인물 중 가장 매력적인 인물 선정 및 그 이유 :

4. 인상 깊은 장면 혹은 재미있는 장면을 글과 그림으로 표현해 보기

[교과서 속 작품으로 낭독극 만들기]

교과서에 실린 작품 중에서 온작품 읽기나 낭독극을 하면 좋을 작품을 추천합니다. 학급 특성에 따라 함께 나눌 만한 이야기가 있는 책을 선정하면 좋습니다.

3학년 : 가방 들어주는 아이, 만복이네 떡집, 바삭바삭 갈매기, 아드님 진지 드세요, 프린들 주세요, 하루와 미요
4학년 : 나무 그늘을 산 총각, 나 좀 내버려 둬!, 아름다운 꼴찌, 투발루에게 수영을 가르칠 걸 그랬어, 초록 고양이
5학년 : 수일이와 수일이, 잘못 뽑은 반장, 악플 전쟁
6학년 : 우주 호텔, 이모의 꿈꾸는 집, 구멍 난 벼루, 샘마을 몽당깨비

[수업 후기]

낭독극을 진행하면서 제일 좋았던 점은 학생들이 대본을 외우지 않아도 되고 무대를 간단하게 만들거나 무대 없이도 시작할 수 있을 정도로 낮은 진입 장벽이었습니다. 온작품 읽기를 하고 낭독극으로 표현해 보는 활동을 통해 원작의 깊은 울림을 참여자와 관객 모두 공유하는 경험을 할 수 있었습니다. 낭독극을 위한 책의 내용 파악과 인물 분석 등의 활동으로 학생들의 문학에 대한 관심과 흥미가 늘어났다는 걸 느낄 수 있었습니다. 낭독극을 다양한 과목과 교육 활동에 활용한다면 언어를 통한 의사 표현력 및 문해력 향상에 실질적인 도움을 받을 수 있을 것입니다.

수업 tip

낭독극 연습 과정을 녹음하여 오디오북으로 만들어서 공유하면 학생들이 적극적인 피드백을 주고받게 되면서 더 나은 낭독극을 완성할 수 있습니다. 또한 악기(리코더, 칼림바, 우쿨렐레, 피아노 등)를 활용하여 효과음과 배경음을 직접 만들고 이를 오디오북에 담는 활동도 의미가 있습니다.

동화 낭독극 수업용 추천 도서

주제	도서	저자	출판사
어린이 희곡집	노란돼지 '어린이 희곡집 1, 2' (말싸움 동아리, 반지 로맨스)	오완	노란돼지
	비오는 날 지하창고에서	배경숙	시아북
	말대꾸하면 안 돼요?	배봉기	창비
	문학동네 '어린이 희곡 1~11' (돌 씹어 먹는 아이/해리엇/짜장면 로켓 발사/하루와 미요/콩이네 옆집이 수상하다!/삼백이 이야기 일곱 마당/뻥이오, 뻥/봄날의 곰/뿡뿡뿡 방귀쟁이 뿡 함마니/노잣돈 갚기 프로젝트/쿵푸 아니고 똥푸)	송미경 외	문학동네
	창비 '재미있다! 어린이 연극 2~6' (옛날옛날 어느 마을에/이상한 게임/노랑이와 백곰/꼴뚜기/칠 대 독자 동넷개)	천효정 외	창비
낭독극 활용서	글짓기는 가나다 동극·희곡	한국소설대학	자유지성사
	동극·희곡은 어떻게 써요?	어린이 에세이 교실	자유토론
	어린이 희곡집 활용서	서울초등교육 연극연구회	노란돼지
	우리 같이 연극할래?	진형민	창비

독서퀴즈 만들기로
정보책 쉽게 읽기

2학년	#줄거리요약 #이해(인물·사건·배경·표현) #어휘	슬로리딩
수업 주제	정보를 주는 책을 읽고 책의 내용을 확인하는 문제 만들기	
수업 목표	정보를 주는 책을 읽고 책의 내용을 확인하는 문제를 만들 수 있다.	
준비물	『마트에 간 햄스터』, 활동지	

　요즘 정말 많은 아동도서가 출판되고 있습니다. 이야기책뿐만 아니라 다양한 정보를 주는 책들도 아이들의 눈높이에 맞추어 재미있게 구성하여 출간되고 있습니다. 초등 저학년은 그림책이나 짧은 이야기책을 주로 읽고, 정보를 주는 책은 학습만화로 접하는 경우가 대부분이기 때문에 수업 시간에 다양한 주제의 정보책을 함께 읽는 수업을 설계해 보았습니다.

[함께 읽을 책]

『마트에 간 햄스터』 신현경, 킨더랜드

쌍둥이 자매 송이와 은이가 친구들과의 파자마 파티 준비를 위해 마트에 간 내용을 담고 있습니다. 자매가 마트 전단지를 보고 살 것을 정하는 것에서부터, 마트에 직접 방문하여 물건을 고르면서 생긴 재미있는 에피소드를 풀어냅니다. 그 과정에서 생산과 유통, 소비에 대한 지식을 자연스럽게 습득할 수 있으며 마트에서 일하는 여러 사람들의 모습도 볼 수 있습니다. 마트에 자주 방문하는 아이들이 친근하고 재미있게 읽을 수 있는 책이라서 선택했습니다.

[독서 활동]

수업 전 동기유발로 도서관의 다양한 책에는 스티커가 붙어 있고, '800 문학'을 제외한 다른 대분류의 책들 중에는 정보를 주는 책이 많다는 점을 알려 주었습니다. 그리고 오늘 읽어 줄 책은 '300 사회과학' 분야의 책이며, 그중에서도 경제 관련 내용이라는 점을 자세히 설명해 주었습니다. 책을 읽을 때는, 읽은 후 문제를 풀기 위해서 중요한 내용은 두세 번씩 천천히 읽어 줄 것이니 책에 나오는 다양한 정보들을 기억할 것을 강조했습니다.

[독서 후 활동]

책의 내용을 확인하는 문제를 단답형, 빈칸 채우기, 선 긋기, O/X 등 다양한 유형으로 만들어서 아이들에게 제공해 주었습니다. 문제는 시중에 나와 있는 여러 문해력 도서의 다양한 문제 형식을 참고 해서 만들었습니다. 처음에는 한 페이지를 읽고 문제를 풀어 보게 하고, 점점 읽는 페이지 수를 늘리며 문제를 풀게 했습니다. 문제를 푼 후에는 PPT를 보며 함께 정답을 확인했습니다. 크게 어려운 문제는 없었고 책을 읽은 직후에 문제를 풀었기 때문에 아이들이 즐겁게 참여했습니다. 책 읽기와 문제 풀기를 반복하니 아이들이 책만 읽을 때보다 더 집중하는 효과가 있었습니다.

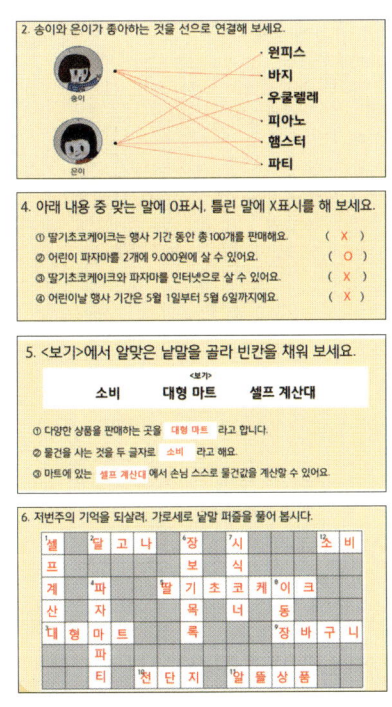

문제 예시

[문제 만들기]

읽은 내용 중 두 부분에서 내용을 확인하는 문제를 아이들에게 직접 만들도록 했습니다. 어떤 내용을 확인하든 상관이 없으니 선생님이 낸 문제를 참고해서 만들어 보라고 안내했습니다. 한글 미해득 또는 문제 내기를 많이 어려워하는 아이들에게는 책 속에 설명되어 있는 물건을 하나 그린 후 그것이 무엇인지 맞추는 형식으로 문제를 내라고 알려 주었습니다.

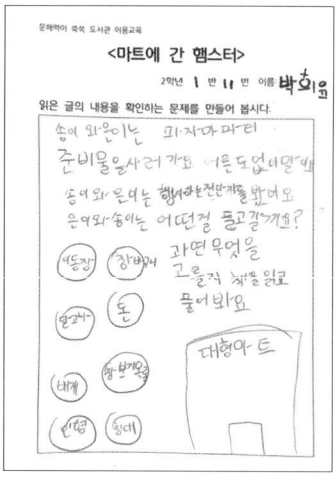 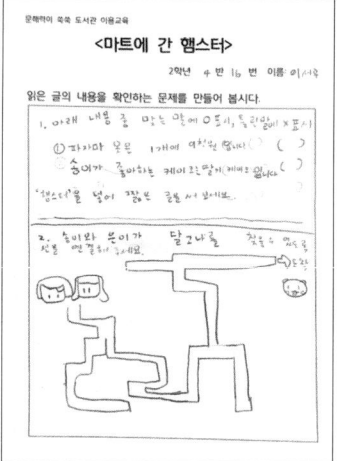

학생이 낸 문제 예시

학생마다 결과물의 차이가 있었지만 차근차근 설명해 주었더니 대부분 문제를 잘 만들어 왔습니다. 1, 2차시에 한 번 설명해 주고 예시를 많이 보여 주었더니 다음 시간부터는 문제 만들기를 훨씬 수월하게 했습니다.

[함께 문제 풀기]

아이들이 문제를 만들어 오면 다 같이 보며 풀어보는 시간을 가지면 좋습니다. 실물 화상기를 이용하여 아이들이 만든 문제를 모두에게 보여 주고, 정답을 맞히게 했습니다. 문제 만들기를 어려워했던 아이들이 친구들의 문제를 본 후 문제 만드는 방법에 대해 알게 되는 효과도 있었습니다. 1, 2차시 수업 때 해 본 활동이기 때문에 그 다음 시간에도 아이들이 잘 따라왔습니다. 기상천외한 아이들의 문제를 보며 함께 즐거워했던 기억이 생생합니다. 아이들이 만든 문제는 반별로 묶어 도서관에 전시해 두었습니다.

[수업 후기]

문해력 향상에 필요한 여러 요소들 중 하나는 배경지식을 넓히는 것입니다. 이를 위해 도서관의 책을 주제별로 골고루 읽으면 좋은데, 도서관에서 사용하는 한국십진분류법(KDC)에서 사용하는 어휘들은 초등 저학년에게는 다소 어렵게 느껴집니다. 그래서 아이들에게 재미있는 이야기를 곁들여 다양한 정보를 제공하는 지식책을 골라 주고 적절한 지도를 더하니, 아이들이 책을 끝까지 재미있고 알차게 읽어 냈습니다. 한 걸음씩 천천히 나아가다 보면 어느새 목적지에 도달할 것입니다. 여러 주제의 책을 읽어 나가다 보면 서서히 배경지식이 넓어지고 읽기 능력도 향상된 아이들의 모습을 볼 수 있을 것입니다.

수업 tip

수업을 하기 전 도서관에서 사용하는 한국십진분류법(KDC)에 대해 언급하고 시작하면 좋습니다. 정보를 주는 책은 한국십진분류법의 대분류 중 [800-문학] 이외의 책이라는 점을 알려 주고, 각 대분류에 어떤 책들이 있을지 생각해 보게 합니다. 학생들에게 친숙한 공룡 책, 종이접기 책, 한국사 만화책 등으로 접근합니다.

유의사항

『마트에 간 햄스터』는 이야기책이지만 정보를 함께 주고 있다는 점을 강조하고, 책 구석구석에 나와 있는 유통, 경제에 관한 정보들을 모두 읽어 줍니다. 줄거리 파악뿐만 아니라 정보도 함께 습득해야 하므로 그림책보다는 좀 더 많은 집중력이 필요합니다. 그렇기 때문에 문제를 풀 때에는 한 번에 많은 페이지를 읽고 풀기보다는 한 페이지씩 읽고 그 페이지에 나오는 내용으로 문제를 푸는 것이 좋습니다.

소비 습관에 대해 생각해 볼 수 있는 그림책

도서	저자	출판사
100원이 작다고?	강민경	창비
500원짜리만 받는 장난감 가게	보린	위즈덤하우스
꼬마 사업가 도니의 탄생	나탈리야 페레베젠체바	한울림어린이
꼬마 악어의 지갑	리지 핀레이	책속물고기
나, 이거 사 줘!	스테파니 블레이크	한울림어린이
돈 잘 쓰는 할머니	신현경	맑은물
돈은 나무에서 열리지 않아	히스 매켄지	에듀앤테크
딱 하나만 골라 봐!	박영석	웅진주니어
또 마트에 간 게 실수야!	엘리즈 그라벨	토토북
마음을 지켜라! 뽕가맨	윤지회	보림
어머, 이건 꼭 사야 해!	이현진	노란돼지
엉뚱한 문방구	간장	제제의숲
오, 멋진데!	마리 도를레앙	이마주
최고의 차	다비드 칼리	봄개울

읽기와 쓰기 능력이 향상되는 롤링페이퍼

5, 6학년	#줄거리요약 #이해(인물·사건·배경·표현)	개별 읽기
수업 주제	롤링페이퍼를 활용한 세계시민교육	
수업 목표	다른 나라 아이들의 삶을 이해하고 아동 인권에 대해 알 수 있다.	
준비물	『라면을 먹을 때』, 『거짓말 같은 이야기』, 사인펜, 4절지	

롤링페이퍼(rolling paper)는 그룹 내에서 학생들이 돌아가면서 서로에게 글을 쓰는 활동입니다. 이 활동은 주로 교육적 목적으로 사용되며, 학생들의 글쓰기와 읽기 능력을 향상시키는 데 도움이 됩니다. 롤링페이퍼 활동을 통해 학생들은 제시된 주제에 대해 제한된 시간 동안 글을 작성하고, 다른 친구들이 쓴 글을 읽고, 반복적으로 글쓰기를 하게 되면서 글쓰기 능력이 자연스럽게 향상됩니다. 또한 다른 학생들이 쓴 글을 읽으면서 다양한 문체와 표현 방식을 접하게 됩니다. 이는 읽기 능력을 향상시키고 문장 구조와 어휘에 대한 이해도를 높

입니다.

　이렇게 롤링페이퍼의 장점을 살려 세계시민교육 수업을 설계했습니다. 세계시민교육이란 세계를 하나의 단위로 인식하여 세계 안의 다양한 문화 및 사람들과의 상호의존성을 이해하고 보편적 인류 공영을 추구는 가치를 지향하고 사회적 실천을 도모하는 교육입니다. 이러한 세계시민교육 관련 주제는 다소 무겁고 학생들이 어려워하기도 합니다. 그래서 학생들이 쉽게 받아들일 수 있도록 하기 위해 그림책을 활용하고 롤링페이퍼 활동을 진행했습니다. 학생들이 실질적으로 느낄 수 있을 만한 문제나 상황을 그림책을 통해 제시하고 관련 내용을 글로 써 보게 하여, 지구촌 구성원들이 연대하고 협력하는 태도를 기르고 진정한 세계시민의 자질을 배울 수 있도록 했습니다.

[함께 읽을 책]

『내가 라면을 먹을 때』 하세가와 요시후미, 고래이야기

『거짓말 같은 이야기』 강경수, 시공주니어

두 권 모두 아동 권리에 관해 이야기하는 책입니다. 내가 평범한 일상을 살아가고 있을 때 다른 이웃 또는 다른 나라의 또래 어린이는 어떠한 삶을 살아가는지 보여 줍니다. 지구촌 어린이로서 지구 반대편에 사는 어린이들을 이해하고 함께할 수 있는 건 없을까 생각할 기회를 줍니다. 재생지에 거친 드로잉과 짧은 문구들은 어려운 상

황에 놓인 세계 어린이들의 현실을 거칠게 표현하고 있습니다.

[독서 활동]

선정 책들은 다소 무거운 주제를 다루기 때문에 혼자 조용히 목독하며 내용에 집중하도록 할 것을 추천합니다. 진지한 분위기 속에서 읽기 위해 잔잔한 피아노 연주 음악을 배경음악으로 틀어 주면 학생들이 집중해서 책을 읽을 수 있습니다. 책에는 지진, 홍수, 가난과 기아, 전쟁 등 여러 가지 불행한 일들을 겪고 힘들게 살아가는 모습이 나오는데 처음에는 "이게 뭐야?" 하며 이해할 수 없다는 듯 낄낄대며 긴장감을 덜어내 보려 합니다. 학생들은 그림책에 등장하는 또래 어린이들의 모습을 낯설어하며 진짜 이런 세상에 살고 있는 친구들이 있을까 하고 의아해하기도 합니다. 나랑 상관없는 이야기라며 외면하기도 하지만 차분히 책을 읽어 나가다 보면 금세 그림책 속 주인공의 이야기에 가슴 아파하며 안타까워합니다.

[독서 후 활동]

『내가 라면을 먹을 때』를 읽고 난 뒤에 내용을 다시 상기시키기 위해 활동지의 빈칸을 채우는 활동을 하도록 합니다. 책을 읽고 활동지를 작성하면 1차시 수업이 끝납니다.

    2차시에는 『거짓말 같은 이야기』를 읽고 난 뒤에 활동지를 활용해 등장인물이 사는 곳과 처한 상황에 대해 적는 활동을 합니다. 롤링페이퍼 활동을 하기 전에 읽은 책에 대한 내용을 다시 한 번 상기시킵니다.

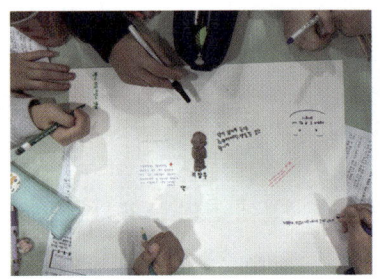 

모둠별 **롤링페이퍼 작성**

그리고 그림책 내용과 유사한 사건을 다룬 인터넷 뉴스 기사를 보여 줍니다. 이때 아동피해에 관한 기사를 보여 주는 것이 좋습니다. 2차시 마지막 활동으로 『거짓말 같은 이야기』에 등장하는 어린이 중 우리나라 아이를 제외한 6명의 어린이들이 처한 상황에 맞춰 그들에게 필요한 것과 응원의 메시지를 롤링페이퍼 방식으로 작성하도록 합니다.

먼저 4절지에 등장인물을 하나씩 넣은 4절지를 준비합니다. 6명의 등장인물을 4절지 가운데에 넣고 4절지를 중심으로 모둠원끼리 둘러앉습니다. 그리고 각각의 등장인물이 처한 상황이나 문제를 모둠원들과 함께 이야기하며 종이를 돌려가며 각자의 생각을 적습니다.

제한된 시간(약 3분) 안에 작성한 후, 4절지를 다음 모둠으로 넘깁니다. 모둠별로 롤링페이퍼를 모두 작성한 후 각 모둠에게 첫 번째로 작성한 롤링페이퍼가 돌아오면 다른 모둠이 작성한 내용을 살펴봅니다.

이어서 각 인물에 대한 롤링페이퍼를 작성합니다. 총 여섯 롤링페이퍼를 쓰고 난 후, 첫 번째로 쓴 롤링페이퍼가 돌아오면 작성이 끝납니다. 마지막으로 각자 다른 아이들이 쓴 롤링페이퍼를 살펴보도록 하고 수업을 마무리합니다.

[활동지1]

지구촌 친구들에게 무엇이 필요할까요?

학년   반   이름:

● '어린이 4대 인권'에 대해서 알아봅시다.

1		적절한 생활 수준을 누릴 권리
2		모든 형태의 아동 폭력인 방임, 라별, 노동 등 유해한 것으로부터 보호받을 수 있는 권리
3		어린이의 발달을 위해 최소한의 교육과 여가, 문화를 누릴 권리
4		소신껏 보인 생활에 영향을 주는 일에 대해서 의견을 말할 수 있고 존중받을 권리

● 『내가 라면을 먹을 때』 내용을 확인해 봅시다.

내가 라면을 먹을 때?
　옆에서 방울이는 [　　]을 한다,
　　이웃집 [　　]는 텔레비전 채널을 돌린다,
　　　이웃집 디디는 [　　　]를 누른다,
　　　　이웃집 유미는 [　　　]을 켠다,
　　　　　이웃마을 남자아이는 [　　　　]를 휘두른다,
　　　　　　이웃마을 여자아이는 [　　　]을 깬다,
　　　　　　　이웃[　　] 남자아이는 [　　　]를 탄다,
　　　　　　이웃나라 여자아이는 [　　　]를 본다,
　　　　　그 이웃나라 여자아이는 [　　　]을 깁는다,
　　　　그 이웃나라의 이웃나라 남자아이는 [　　　]를 몬다,
　그 [　　]나라 여자아이는 [　　]을 판다,
여자아이가 빵을 팔 때 맞은 편 나라의 [　　　] 남자아이는 [　　　]있다,
[　　]이 분다,

● 어제 오후 5시에 무엇을 했나요?

나는 _____

내 친구 [　　　]는 _____

[활동지2]

- 『거짓말 같은 이야기』 속에 나온 친구들이 처한 상황을 비교해 봅시다.

이름	나라	처한 상황/하는 일
솔		
하산		
파니어		
키잠부		
엘레나		
르네		
칼라미		

- 지구촌에서 매일 지진이나 홍수 같은 대재앙, 가난, 기아, 전쟁, 민족 갈등, 종교분쟁 등 여러 가지 불행한 일들이 일어납니다. 지금 세계에서 일어나고 있는 '불행한 일'은 어떤 것이 있나요? 뉴스 기사를 보고 자신의 생각을 써봅시다.

- 『거짓말 같은 이야기』 속에 나온 친구들에게 필요한 것은 무엇일까요?
  글과 그림으로 표현해 봅시다.

[수업 후기]

롤링페이퍼 활용수업이 그룹 활동이기 때문에 학생들은 수업시간에 서로 소통하고 협력하는 과정을 통해 상호작용하는 법을 배웁니다. 또 자신의 글을 다른 사람에게 읽히고 피드백을 받으면서 글쓰기 동기가 부여되고 부정적인 피드백은 개선의 계기가 됩니다. 지구촌 시대를 살아가는 어린이라면 세계시민의식을 바르게 함양하고 전 지구적으로 누려야 할 기본 인권과 평화 등을 추구하는 인재로 성장해야 합니다. 학생들은 수업을 통해 어린이로서 마땅히 누려야 할 기본 권리가 박탈된 삶은 어떤지 알아보고 지구 공동체의 일원으로서 정체성을 가지고 국제사회에 대응하는 사회 구성원으로 영향력을 끼치길 바랍니다.

수업 tip

세계인권 관련 기념일에 맞춰 계기교육으로 활용하면 좋습니다.
- 3월 8일 국제 여성의 날
- 3월 21일 국제 인종차별 철폐의 날
- 3월 24일 국제 모든 인권 침해의 진실에 대한 권리와 희생자의 존엄을 위한 날
- 5월 17일 국제 성소수자 혐오 반대의 날
- 6월 12일 세계 아동노동 반대의 날
- 6월 20일 세계 난민의 날
- 9월 15일 세계 민주주의의 날
- 12월 10일 세계 인권의 날
- 12월 20일 국제 인간 연대의 날

롤링페이퍼를 작성할 때 타이머 영상을 틀어 주고 제한된 시간에 작성할 수 있게 해야 그림책에 등장하는 모든 어린이에게 롤링페이퍼를 쓸 수 있습니다. 롤링페이퍼 작성은 대체로 3분 정도가 적당했습니다. 타이머 영상은 유튜브에 많이 있으니 적절한 영상을 찾아서 활용하기 바랍니다.

독서 보드게임으로 문해력 키우며 놀기

전 학년	#줄거리요약 #이해(인물·사건·배경·표현) #어휘 #추론 #디지털문해력	다양한 방법으로 읽기
수업 주제	〈BOOK CLUB〉 보드게임으로 온작품 읽기	
수업 목표	보드게임을 하면서 독서 전, 독서 중, 독서 후 다양한 활동을 할 수 있다.	
준비물	〈BOOK CLUB〉 보드게임, 온작품 읽기 책(인원수만큼), 국어사전(모둠별 1개), 스마트 패드 1개	

[BOOK CLUB 보드게임]

독서 전·중·후 활동과 읽기 활동을 참가자가 선택하여 자유롭게 진행할 수 있는 보드게임이 있습니다. 바로 〈BOOK CLUB〉입니다. 다양한 보드게임을 독서 과정에서 여러 번 활용하다가, 아이들에게 독서의 전 과정을 보드게임으로 경험해 보게 하고 싶어서 보드게임을 직접 개발하게 되었습니다. 보드게임을 만들면서 가장 고민했던 부분은 교구와 보드게임 사이 균형 잡기입니다. '보드게임이 가지고 있는 리플

〈BOOK CLUB〉 보드게임

레이싱과 재미를 추구하면서 문해력을 높일 수 있는 다양한 활동이 게임 구성원에 따라 다르게 진행되게 만들자'라는 것이 목표였습니다.

〈BOOK CLUB〉의 세계관은 『어린 왕자』에서 가져왔습니다. 어린 왕자가 별을 여행하다가 도서관별이라는 곳에 와서 북클럽 회원에게 책 읽는 방법을 배우게 된다는 설정입니다. 게임에 참여하는 참가자들도 어린 왕자처럼 책 읽기 과정을 라운드별 게임을 통해 배우게 됩니다.

게임의 진행방식은 책의 분량에 따라 나눕니다. 그림책이나 100쪽 이하 동화책, 100쪽 이상 동화책, 두꺼운 책(긴 시간 게임 운영 가능) 이렇게 셋으로 나누어 라운드별 추천 턴수를 제시했습니다. 게임 참가자의 독서 수준이나 게임 가능 시간에 맞게 조정해서 게임을 운영할 수 있도록 한 것입니다.

라운드는 독서 전 단계, 읽기 단계, 독서 중 단계, 독서 후 단계로 나뉘고, 참가자가 카드 미션을 수행하는 방식으로 진행합니다. 미션을 성공하면 카드를 뒤집어 책 모양 카드를 얻습니다. 각 단계가 끝날 때마다 다음 단계의 시작 플레이어를 정합니다. 책을 가장 적게 모은 참가자가 시작 플레이어 카드를 가져갑니다. 시작 플레이어 카드를 가진 참가자부터 순서대로 게임을 진행합니다. 최종 라운드에서 가장 많은 책을 모은 참가자가 게임에서 승리합니다.

북클럽 게임 방법 영상

읽기 단계에서 모든 참가자는 (몰입 독서 등) 읽기 미션을 수행한 후 뽑기 아이콘이 그려진 카드를 뽑을 수 있습니다. 참가자 중 한 사람이 모아서 섞은 플레이어 카드 중 한 장을 해당 참가자가 뽑습니다. 이때 당첨된 참가자에게는 보상으로 책 카드 한 장을 제공합니다. 라운드마다 카드로 다양한 활동을 제시하고 있어서 보드게임 과정만으로도 하나의 온작품 읽기 수업을 진행할 수 있습니다. 트로피 카드나 이벤트 카드는 난이도를 한 단계 높여 게임을 즐기게 만드는 요소입니다.

각 단계별 활동 소개(카드 종류)

독서 전 단계	낱말 찾기 카드, 내용 예상하기 카드, 단서 찾기 카드, 도전! N행시 카드, 상상하기 카드, 어휘 카드, 요약하기 카드, 읽기 카드(3종), 조사하기 카드(2종), 질문하기 카드
읽기 단계	1인극 카드, 낭독 카드(2종), 몰입 독서 카드(6종), 역할극 카드, 책도둑 카드(2종), 필사 카드
독서 중 단계	감정 카드(3종), 결말 예상하기 카드, 어휘 카드, 줄거리 소개 카드, 최고의 문장 카드, 핵심어 찾기 카드(2종)

[활동지]

학년   반   이름:

BOOK CLUB 협력게임

1. 우리 모둠이 선택한 카드 이름을 쓰고, 아래 카드를 활용해 활동을 진행해 보세요.

[획득 목표 책의 권수: 권]

카드명:	카드명:	카드명:
카드명:	카드명:	카드명:
카드명:	카드명:	카드명:

4장 | 다양한 수업 도구를 활용한 문해력 교육

독서 후 단계	나라면 카드, 만약에 카드, 바꾸기 카드, 비슷한 책 찾기 카드, 상상하기카드(3종), 선물하기 카드, 소개하기 카드, 어휘 카드, 인터뷰 카드, 줄거리 소개 카드, 질문하기 카드, 책과 나 카드, 책과 우리 카드, 핵심어 찾기 카드(2종)
트로피	독서왕, 낭독왕, 어휘왕, 조사왕, 추리왕, 퀴즈왕
이벤트	3라운드 이벤트- 거북이, 달팽이, 독서 멘토, 토끼, 책벌레 4라운드 이벤트- 책벌레, 능장인불 퀴즈, 진진가 게임, OX퀴즈

※ 〈BOOK CLUB〉은 G마켓, 11번가, 쿠팡, 포스비브테크몰 등에서 구입 가능합니다.

[BOOK CLUB 협력게임으로 놀기]

〈BOOK CLUB 협력게임〉은 보드게임 플레이 시간을 40분 내외로 잡았을 때 간단하게 활용할 수 있는 게임입니다. 독서 전, 읽기 단계는 따로 진행하고 책을 모두 읽은 뒤에 독후 활동으로만 활용할 수 있습니다.

독서 중, 독서 후 단계 카드와 이벤트 카드 중 퀴즈 카드(진진가, OX 카드, 책벌레)를 활용합니다. 모둠별로 단계별 카드를 2장~3장씩 나누어 주고 모둠 미션으로 활동을 진행할 수 있습니다. 처음 게임을 운영할 때는 4인 기준 2장을 줍니다. 모든 단계를 주어진 시간 내에 마무리하는 조건으로 모둠이 획득한 책의 권수를 헤아려서 승리 팀을 뽑습니다. 해결하지 못한 미션 카드의 보상책 권수만큼 차감합니다. 학생들이 보드게임에 익숙해지면 미션 카드 수를 늘리면서 운영합니다.

[수업 후기]

독서 수업에서 보드게임을 시도하기가 어려울 수 있습니다. 스마트폰 게임이 더 익숙한 우리 아이들에게 실제로 만지고, 능동적인 독서 활동을 할 수 있는 보드게임을 자꾸 권해야 합니다. 다양한 보드게임을 접목한 수업을 통해 책 읽기가 재미있고 흥미진진하다는 것을 아이들에게 보여 주면 좋겠습니다.

> **수업 tip**
> 수업 시간 동안 〈BOOK CLUB〉을 활용하려면 시간이 부족할 수 있습니다. 블록 수업 형태로 진행하거나, 독서 전 단계만 진행하거나, 책을 각자 읽고 독서 후 단계만 진행해 보는 것을 추천합니다. 수업에 활용할 때는 룸마스터(게임 규칙을 알려주는 사람)를 모둠별로 뽑아서 시범 플레이하는 장면을 아이들에게 보여 주세요. 짧은 시간에 시범을 보여야 하므로 그림책을 골라서 진행해 보세요. 선생님도 아이들과 함께 게임에 참여해 보세요. 아이들과 동등한 위치에서 보드게임을 즐기다 보면 아이들과 함께 웃고 있는 순간이 많아질 것입니다.

전 학년	#줄거리요약 #이해(인물·사건·배경·표현) #어휘 #추론 #디지털문해력	다양한 방법으로 읽기
수업 주제	다양한 보드게임으로 온작품 읽기	
수업 목표	보드게임을 하면서 독서 후 다양한 활동을 할 수 있다.	
준비물	보드게임(*보드게임 안내 참고) 온작품 읽기 책(인원수만큼)	

[다양한 보드게임으로 핵심어 독후 활동하기]

핵심어를 활용해서 할 수 있는 독서 활동은 무궁무진합니다. 인물, 사건, 배경, 주제 등에 따라 핵심어를 골라서 다양한 보드게임을 응용해 독서 활동을 할 수 있습니다. 보드게임을 활용하되 원래 보드게임의

『귀신도 반한 숲속 라면 가게』의 주인공 복술씨 카드(공카드)

규칙과 조금 다르게 변형해 보는 것입니다.

　핵심어 카드를 만드는 방법으로 팝콘 게임의 공카드를 활용하여 직접 제작하는 것을 추천합니다. 공카드는 보드게임 카드인데 앞면이 비어 있고 뒷면은 같은 무늬로 제작된 카드입니다. 보드게임에 참여하는 사람들이 자유롭게 보드게임을 만들 수 있도록 제작되었고, '팝콘 게임' 등 다양한 판매처에서 구매할 수 있습니다. 공카드를 활용해서 네임펜으로 핵심어 카드를 직접 제작하면 진짜 보드게임을 만든 것과 같은 효과가 생깁니다. 카드의 질감을 느낄 수 있고, 모든 카드의 뒷면이 똑같은 무늬로 되어 있어서 더미로 놓았을 때 더 보기 좋습니다.

　모둠별로 보드게임 카드 만들기 활동지를 나누어 주고 모둠원이 함께 만드는 방법도 있습니다. 활동지는 조금 두꺼운 종이로 출력하여 뒤집었을 때 앞면이 보이지 않도록 하거나, 같은 활동지를 추가로 나눠 주고 뒷면으로 사용하게 합니다. 두 장을 앞뒤로 하여 투명 카드 슬리브를 끼우면 아주 쉽게 예쁜 보드게임 카드를 완성할 수 있습니다.

핵심어를 추출할 때는 학생과 함께 진행하는 것을 추천합니다. 빙고 게임판에 핵심어를 채우는 방식으로 독서 중 활동을 진행하면 다양한 키워드를 뽑아낼 수 있고, 여러 명이 동시에 고른 핵심어를 골라낼 수 있어서 더욱 좋습니다. 핵심어를 고를 때에는 책에서 인물, 사건(주제와 소재), 배경 등을 떠올리며 구체적으로 적을 수 있도록 지도합니다.

공카드 활용 사례(『귀신도 반한 숲속 라면 가게』로 만든 공카드)

	인물 핵심어 공카드	사건 핵심어 공카드 +주제(소재)	배경 핵심어 공카드
공카드 내용 예시	복술씨 / 초호 / 초호엄마 / 초호아빠 / 상수 / 할머니 귀신 / 할아버지 귀신 / 강아지 티티 / 개장수	가족 / 개업 / 첫 번째 도둑질 / 기부 / 소원 / 입양 / 환생 / 앵무새 / 변신 로봇 / 파란 가방	무덤 2개 / 숲속 라면 가게 / 전파사 / 피시방 / 초호네집 / 컨테이너 (개 사육) / 희주네집
활용 보드게임	피에스타 / 필링스	필링스 / 왓츠 잇 투야	
공통 활용 보드게임	딕싯 / 텔레스트레이션 / 한밤의 수수께끼 / 이매진 / 콘셉트		

책의 주제에 해당하는 추상적인 개념(우정, 사랑, 봉사, 희생, 겸손 등), 주요 사건, 소재를 핵심어로 추출해서 〈왓츠 잇 투야〉라는 보드게임에 활용하는 것을 추천합니다. 〈왓츠 잇 투야〉는 다섯 개의 핵심어를 놓고 한 명씩 돌아가며 자신의 우선순위를 매겨서 번호를 표시하면, 나머지 플레이어가 해당 플레이어의 우선순위를 맞히는 게임입니다. 참여자들마다 다른 우선순위를 확인하고 책의 주제를 생각해 볼 수 있어서 좋습니다. 우선순위를 공개한 후에 1위와 5위에 해당하는 핵심어를 고른 이유를 설명하는 시간을 가지면 자연스레 친구의 가치관

[활동지]

학년 반 이름:

보드게임 카드 만들기

1. 책을 읽은 후 인물, 배경, 사건, 주제 보드게임 카드를 다양하게 만들어 보세요. 글과 그림(아이콘)으로 표현해 주세요.

인물 보드게임 카드	인물 보드게임 카드	인물 보드게임 카드
배경 보드게임 카드	배경 보드게임 카드	사건 보드게임 카드
사건 보드게임 카드	주제(소재) 보드게임 카드	주제(소재) 보드게임 카드

을 알아볼 수 있습니다.

〈필링스〉는 인물과 사건 핵심어를 섞어서 더미를 만들어 놓고 진행하는 게임입니다. 인물이 어떤 사건을 겪었을 때 어떤 마음이었을지 생각해 보고, 진행 플레이어가 선택한 감정 카드를 추리해 보는 공감형 보드게임입니다. 〈피에스타〉는 인물 핵심어 카드로 독서 후 활동 마무리 단계에서 응용해서 활용하는 것을 추천합니다.

그밖에 책의 다양한 핵심어(인물, 사건, 배경)를 활용하는 게임으로 〈딕싯〉, 〈텔레스트레이션〉, 〈한밤의 수수께끼〉, 〈이매진〉, 〈콘셉트〉를 추천합니다. 〈딕싯〉, 〈텔레스트레이션〉, 〈한밤의 수수께끼〉는 독서 후 활동 초반 내용 확인 과정에 활용하면 좋습니다.

〈한밤의 수수께끼〉는 어플을 활용하는 마피아 게임입니다. 핵심어를 어플에 미리 입력하고 무작위로 고른 핵심어를 시장 역할을 맡은 플레이어에게 질문합니다. 제한 시간 내에 시민이 맞히면 승리합니다. 플레이 시간은 짧지만 꽤 재미있어서 학생들이 여러 번 게임을 진행하는 모습을 볼 수 있었습니다.

〈이매진〉, 〈콘셉트〉는 고학년 학생들을 대상으로 시도해 볼 만합니다. 두 가지 게임을 결합한 형태로 한 가지 핵심어를 표현하는 것을 추천합니다. 〈이매진〉, 〈콘셉트〉는 문제 내는 과정이 더 즐거운 게임입니다. 〈콘셉트〉의 아이콘 개념을 어려워하는 학생에게는 〈이매진〉을 활용하여 그림으로 표현하게 합니다. 〈이매진〉으로 표현하는 학생은 〈콘셉트〉로 표현하는 학생에게 자연스레 표현 방법을 배우게 됩니다.

〈콘셉트〉의 코드 개념과 이매진의 그림으로 표현하기를 조합해서

〈콘셉트〉와 〈이매진〉을 하나의 보드게임으로 활용

하나의 게임처럼 활용해 보는 방법은 다음과 같습니다. 만약 '생강빵 아이'를 제시어로 정해 퀴즈를 내는 경우, 〈콘셉트〉로는 책, 음식, 허구의, 아이, 죽음, 먹다, 갈색, 순환을 표현해 볼 수 있습니다. 여기에 추가 힌트를 주는 수단으로 여자 그림, 컵케이크 그림, 더하기 그림, 아이 그림, 말 그림, 여우 그림 등 〈이매진〉의 그림을 활용할 수 있습니다.

추천 보드게임

독서의 단계	보드게임 (추천 인원)	핵심어	보드게임을 독서 활동과 연계하는 방법
독서 전·중·후 단계	북클럽 (2~5인)	핵심어 찾기 카드	모둠원 인원만큼 같은 책 필요. 보드게임만으로 다양한 온 작품 읽기 수업 가능. 모둠원이 선택한 카드에 따라 다양한 활동을 진행할 수 있음. 독서 전 활동, 읽기 활동, 독서 중 활동, 독서 후 활동까지 총 4라운드로 책을 읽으며 동시에 게임 진행 가능.
	이야기톡 (2~8인)	-	책을 읽기 전에 책 표지를 보고 어떤 이야기인지 상상하는 활동에 적합. 읽은 책 내용을 확인하는 게임과 이후에 일어난 일을 상상하는 게임으로 진행 가능.

독서 후 단계	코드북 (3~6인)	문장	각자 다른 책으로 진행. 책 속 문장과 단어 카드의 연결을 생각해서 가장 추리를 잘한 사람이 이기는 게임. 점수 획득 방식은 〈딕싯〉과 비슷.
독서 후 단계 -핵심어 게임 *핵심어를 추출해서 공카드에 네임펜으로 적어 낱말 카드를 만든다.	딕싯 (3~8인)	인물 배경 사건	다양한 그림 카드를 활용 가능. 순서에 따라 핵심어 카드를 한 장씩 공개한 후 각자 어울리는 카드 골라 제출. 해당 순서 플레이어가 낸 카드를 맞힘.
	왓츠 잇 투야 (3~6인)	주제	핵심어 다섯 개를 고른 후 해당 플레이어의 우선순위를 맞추는 게임. 핵심어로 주제에 해당하는 추상적인 낱말 넣는 것을 추천.
	이매진/ 콘셉트 (2인 1조, 4~8인)	인물 배경 사건	이매진은 핵심어를 필름 그림으로 겹쳐서 표현하는 보드게임임. 이매진만으로 힌트 주기 어려운 경우 콘셉트 게임의 카드를 이용해 아이콘으로 동시에 표현함. 두 개의 보드게임을 하나의 게임으로 활용하는 것을 추천.
	피에스타 (4~8인)	인물	등장인물이 많은 책으로 선정. 등장인물 카드를 만든 후 각자 1장씩 무작위로 뽑음. 그 인물에서 연상되는 단어를 골라 낱말 새로 쓰기를 하면서 마지막 낱말을 보고 어떤 인물인지 추리하는 게임. 〈텔레스트레이션〉과 비슷하지만 조금 더 어려움.
	필링스 (3~8인)	인물 사건	책 속 장면 중 감정 변화가 큰 사건을 10개 이상 카드로 제작. 이야기꾼은 사건을 겪는 등장인물이 어떤 감정을 느꼈을지 전달. 나머지 플레이어는 이야기꾼이 고른 감정 카드를 맞힘.
	텔레스트레이션 (4~8인)	인물 배경 사건	핵심어를 낱말과 그림으로 교차하며 표현하는 게임. 마지막에 확인하는 시간이 웃음 포인트.
	한밤의 수수께끼 (4~10인)	인물 배경 사건	지금까지 만든 핵심어를 모두 활용해 플레이 가능. 한밤의 수수께끼 어플을 내려 받은 뒤 핵심어를 스마트폰에 입력. 시장 역할을 맡은 플레이어에게 나머지 플레이어가 질문을 해서 핵심어를 맞히는 게임.

2부

문해력
새싹 키움

- 5장 -

그래픽 조직자를 활용한

문해력 교육

그래픽 조직자는 글의 내용을 요약하는 다양한 수업에서 사고 과정을 시각화하는 구체적인 방법으로 활용할 수 있기 때문에 학습에 매우 유용한 도구입니다. 그래픽 조직자의 종류는 매우 다양합니다. 글의 특성 및 글의 전개 방식에 따라 활용 가능한 그래픽 조직자가 달라집니다. 이 장에서는 여러 가지 그래픽 조직자를 다룹니다. 인과 구조의 그래픽 조직자, 정보 그래픽 조직자, 육하원칙 그래픽 조직자, 감정 그래픽 조직자, 만화로 표현하는 그래픽 조직자, 감각적 표현하기 그래픽 조직자입니다. 학생이 생각을 정리하고 표현하는 데 필요한 다양한 도구와 방법을 제공합니다. 무궁무진한 수업 도구인 그래픽 조직자를 통해 문해력을 향상할 수 있는 수업 몇 가지를 소개합니다.

인과 구조 그래픽 조직자로 글의 내용 예측하기

5, 6학년	#이해(인물·사건·배경·표현) #추론	예측하며 읽기
수업 주제	인과 구조의 그래픽 조직자로 글의 내용 예측하기	
수업 목표	책 속 정보자료를 읽고 인과 구조의 그래픽 조직자를 완성해 글의 내용을 예측할 수 있다.	
준비물	『13일의 단톡방』	

독서 전 단계에서 주어지는 다양한 정보자료를 통해 글의 내용을 예측해 보는 활동은 사전 지식을 활성화하며 상상력을 끌어냅니다. 예측하기 활동 후 실제 독서 단계에서 글을 읽으며 예측한 내용과 글의 내용을 비교하면 내용을 더욱 정확하게 이해할 수 있습니다. 이런 활동과 관련해서 인과 구조를 파악하는 그래픽 조직자를 활용하여 수업을 진행했습니다. 원인과 결과에 초점을 맞추어 생각을 정리하다 보면 인물의 모순을 쉽게 간파할 수 있습니다. 내용을 관통하는 갈등을 해결하기 위한 아이디어를 얻을 수도 있습니다.

[함께 읽을 책]

『13일의 단톡방』 방미진, 상상의집

학교 현장에서 점점 더 심각해지는 이슈인 학교폭력 중 '사이버 폭력'을 담은 책입니다. 학교폭력의 피해자, 가해자, 방관자가 되기도 하는 입체적인 캐릭터를 등장시켜 나와 동떨어진 이야기라고 생각하는 사람들을 이입하게 합니다. 또한 학급 안에서 벌어지는 미묘한 분위기와 학생들이 느끼는 감정들을 실제적으로 잘 녹여서 또래들의 공감을 삽니다. 학교폭력 예방, 후 관리 차원에서 학급 학생들이 다 같이 윤독하기 좋습니다.

[글의 내용 예측하기]

예측하기는 독서 전·중·후 단계 중 독서 전에 실행합니다. 독서 전에는 책 내용에 대해 예측해 보면서 이미 내재화되어 있는 배경지식을 활성화하고 상상력을 발산합니다. 예측하기 활동을 통해 얻은 생각의 밑거름은 독서 중, 독서 후 활동에서 유의미한 결과를 냅니다. 책의 주제에 대해 깊이 이해할 수 있게 합니다.

> **예측하기 활동 시 활용 가능한 책 정보**
> - 책 표지(앞·뒤표지)
> - 책 제목
> - 등장인물 소개란
> - 프롤로그
> - 목차

[인과 구조 그래픽 조직자로 예측하기]

인과 구조의 그래픽 조직자는 이야기 속 사건의 원인과 결과를 시각적으로 표현하는 도구입니다. 학생들이 이야기 속 인물의 행동과 감정에 대한 복잡한 인과 관계를 이해하고 분석하는 데 도움을 줍니다.

인과 구조의 그래픽 조직자는 원인 요소, 결과 요소, 관계 요소(화살표)로 이루어집니다. 원인 요소는 특정 사건이 발생한 이유와 관계된 것들을 기술합니다. 하나의 결과에는 다양한 원인이 있을 수 있기 때문에 책 속에서 얻을 수 있는 정보는 모두 찾아서 적는 게 좋습니다. 결과 요소는 원인에 의해 발생하는 결과나 효과를 기술합니다. 관계 요소는 화살표로 표현하며 인과 관계를 시각적으로 명확하게 보여 줍니다.

[수업 후기]

예측하기 활동을 했을 때와 안 했을 때 학생들의 반응은 사뭇 다릅니다. 학생들은 예측하기 활동 후에 더욱 집중해서 책을 읽습니다. 예측하기는 책 내용에 끌려가지 않고 스스로 생각하며 책의 내용을 정리하며 읽는 힘을 길러 줍니다. 책을 읽고 난 후에도 자기 생각을 표현하게 합니다. 학생들은 예측하기 후 책을 읽으면서 사전지식을 활성화하고, 나라면 어땠을지 생각해 보며 책을 관통하는 주제를 깊이 이해할 수 있게 됩니다.

[활동지]

- 앞표지, 뒤표지

앞표지와 뒤표지를 살펴봅시다. 표지의 그림은 무슨 상황일까요?

책 표지를 보고 글의 내용 예측하기

* 우산과 비 인과 구조 그래픽 조직자

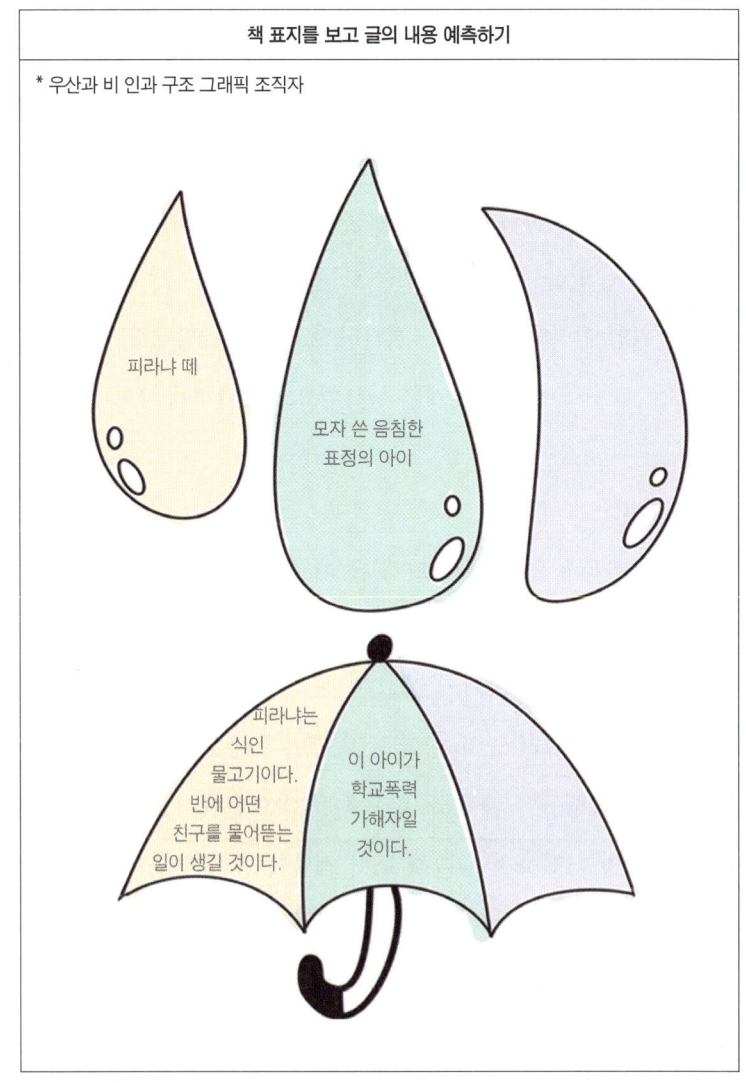

■ 책 제목
제목의 '13일'은 무슨 의미일까요?
알고 있던 사실 또는 머릿속의 상상을 인과 구조 그래픽 조직자로 나타내 봅시다.

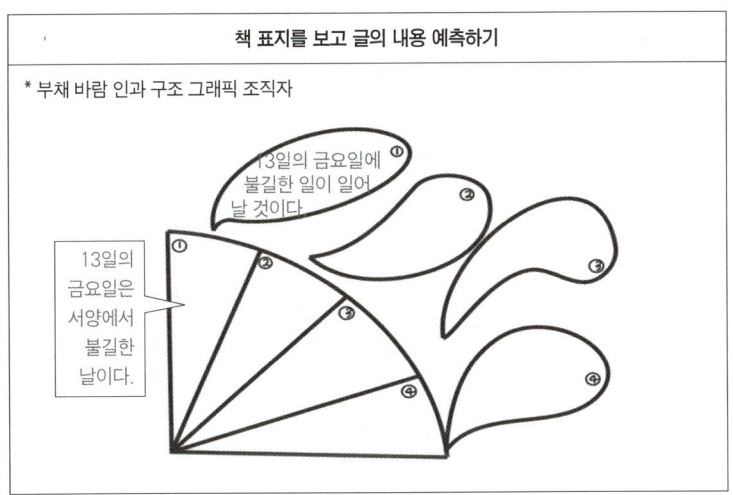

■ 등장인물 소개란, 프롤로그
등장인물 소개란과 프롤로그를 읽고 글의 내용을 예측해 봅시다.

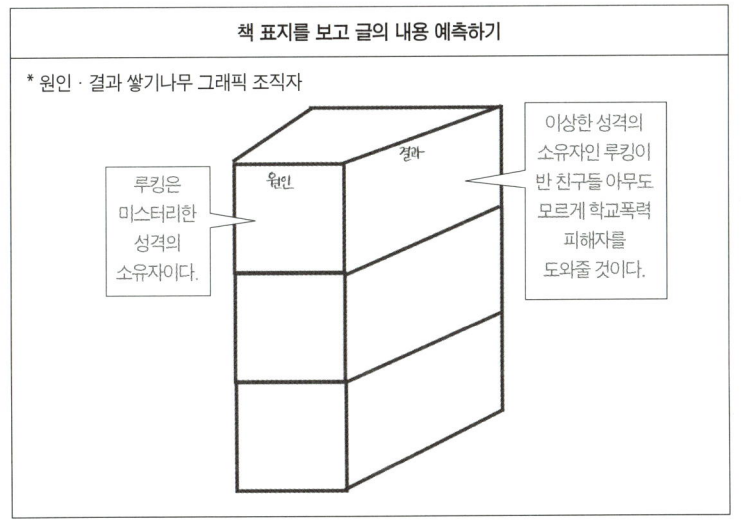

수업 tip

교사의 주제 의식을 학생들에게 주입하는 형식이 되지 않게 정보 자료를 구성해야 합니다. 예측하기 활동의 목표는 주제에 대한 방향을 잡는 것이 아닌 학생 개개인이 주제에 대해 깊이 사유할 수 있도록 돕는 것이기 때문입니다.

학교폭력 관련 도서(5, 6학년 권장)

도서	저자	출판사
감기 걸린 물고기	박정섭	사계절
귓속말 금지 구역	김선희	살림어린이
까마귀 소년	야시마 타로	비룡소
노잣돈 갚기 프로젝트	김진희	문학동네
돼지들	클레망틴 보베	천개의바람
모르는 척	우메다 순사쿠	길벗어린이
방관자	제임스 프렐러	미래인
소녀A, 중도 하차합니다	김지숙	다른
소통, 생각이 달라도 가능할까?	박주연	다림
악플 전쟁	이규희	별숲
어린이를 위한 슬기로운 미디어 생활	권혜령 외	우리학교
오늘, 우리 학교는	브리타 테켄트럽	비룡소
왕따	이윤학	문학과지성사
위대한 학교	박현숙	잇츠북
작은 틈 이야기	브리타 테켄트럽	봄봄
정의로운 은재	강경수 외	사계절
정의의 악플러	김혜영	스푼북
취미는 악플, 특기는 막말	김이환 외	생각학교
폭력, 특별한 사람들의 이야기일까?	김민화	다림
WELCOME, 나의 불량파출소	문부일	시공주니어

정보 그래픽 조직자로 정보를 주는 글 요약하기

3학년	#줄거리요약 #어휘	핵심어 찾으며 읽기
수업 주제	1차시: 정보를 주는 글을 읽고 주요 내용 및 어휘 파악하기	
	2차시: 글 내용을 그래픽 조직자로 만들어 보기	
수업 목표	정보를 주는 글을 읽고 그래픽 조직자로 요약할 수 있다.	
준비물	『라면을 먹으면 숲이 사라져』, 활동지	

[독서 전 활동]

수업에 앞서, '그래픽 조직자'를 소개합니다. 줄글로 구성된 글과 그래픽 조직자로 요약한 그림을 보여 주고 어떤 것이 더 눈에 잘 들어오는지 비교해 보게 합니다. 함께 읽을 글의 주제가 '환경'이므로, 환경 도서 중에 그래픽 조직자로 내용을 표현한 책을 골랐습니다. 『비북: 생태계를 살리는 꿀벌 이야기』(샬럿 밀

너, 청어람아이)에는 꿀벌의 탄생과 성장(순서), 날씨에 따른 꿀벌의 역할(비교·대조) 등이 그래픽 조직자로 표현되어 있습니다. 정보를 주는 글을 그림으로 더 쉽게 표현할 수 있는 그래픽 조직자의 역할을 설명하고 오늘 읽을 책의 주제(환경)에 대한 관심을 환기합니다.

[함께 읽을 책]

『라면을 먹으면 숲이 사라져』 최원형, 책읽는곰

우리의 사소한 행동 하나하나가 환경에 미치는 영향을 동물들의 이야기를 통해 전달하는 책입니다. 이 책은 두꺼운 편이고 글이 많기 때문에, 모두 읽지 않고 '1-3. 라면을 먹으면 숲이 사라져'(25~32쪽) 한 꼭지만 읽고 수업을 진행했습니다.

[독서 활동]

학생들에게 각자 글을 한 번 읽은 후, '팜유로 만든 물건'을 그래픽 조직자로 표현해 볼 것이라고 안내합니다. 선생님과 함께 글을 천천히 읽으며 팜유로 만든 물건에 해당하는 낱말에 표시를 하도록 합니다. 글을 다시 읽은 후 아이들이 저마다 표시한 낱말을 서로 비교해 보아도 좋습니다.

[독서 후 활동]

책을 읽은 후, 팜유로 만든 물건들을 그래픽 조직자로 표현하기 위해서는 '분류'의 개념을 이해해야 합니다. 분류란 같은 것끼리 종류별로 구분하는 것임을 안내하고, 책 속에서 찾은 팜유로 만든 물건들을 어떻게 분류할 수 있을지 학생들과 의견을 나눕니다. 칠판에 쓰면서 나눠도 되고, 물건의 이름을 쓴 종이에 자석을 붙인 다음 아이들에게 그 자석을 칠판에 붙이면서 직접 분류를 하게 해도 좋습니다. 교사가 분류할 물건들을 추가로 제공하면 물건의 종류가 늘어나 아이들이 분류하는 것에 더 재미를 붙이기도 합니다.

〈팜유로 만든 물건들〉
- 책에 나온 것: 라면, 치약, 비누, 샴푸, 세제, 화장품
- 선생님이 추가로 알려준 것: 과자, 초콜렛, 마가린, 아이스크림, 인스턴트 커피

〈분류 기준〉
- 먹는 것 / 씻을 때 쓰는 것 / 빨래할 때 쓰는 것 / 얼굴에 바르는 것

학생들에게 각자 분류한 물건들을 활동지에 제시된 그래픽 조직자(생각그물)로 표현해 보도록 합니다. 그래픽 조직자로 표현한 결과물과 같은 내용에 대해 쓴 글을 비교해 보며 어떤 것이 내용을 파악하기 더 쉬운지 이야기를 나누어도 좋습니다.

[수업 후기]

글을 읽고 요약과 분류를 하는 활동이 익숙하지 않은 아이들과 함께 그래픽 조직자를 만드는 수업을 하기 위해 많은 준비가 필요했습니다.

[활동지]

3학년   반   이름:

정보 그래픽 조직자로 요약하기

1. 책에 나온 낱말들을 같은 것끼리 분류해 봅시다.

같은 점(분류 기준)	어떤 것들이 있나요?

2. 표로 정리한 내용을 그래픽 조직자로 표현해 봅시다.

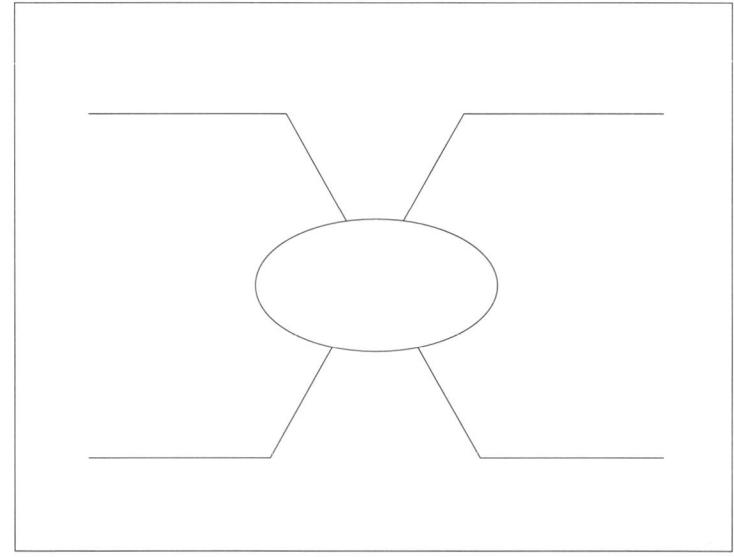

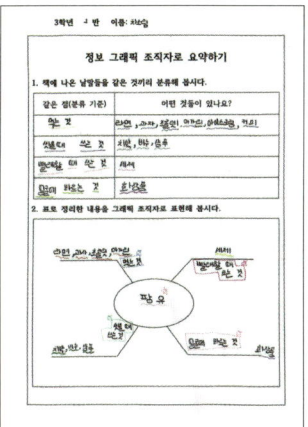 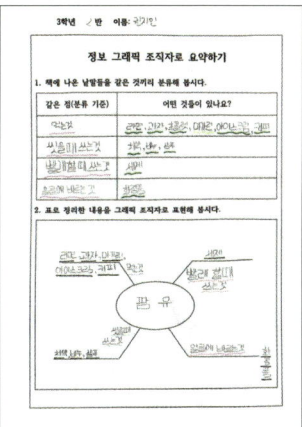

활동지 예시

아이들은 교사가 만들어 놓은 길을 따라오다시피 하며 그래픽 조직자를 완성했지만, 긴 글을 읽고 그 내용을 요약했다는 사실에 뿌듯해하는 모습을 보였습니다. 어려워도 차근차근 해 나가다 보면 아이들의 문해력도 쑥쑥 성장할 것이라고 믿습니다.

> **수업 tip**
>
> 정보를 주는 글 읽기를 할 때 꼭 책 한 권을 다 읽어야 하는 것은 아닙니다. 정보책은 짧은 글들을 모아 목차를 이루는 경우가 많은데, 그중 아이들이 가장 흥미 있어 할 만한 글을 읽게 하세요. 재미있는 문학책이 아니므로 무작정 한 권을 다 읽으라고 하면 거부감이 들 수 있습니다. 너그러움을 발휘해 조금만 읽으면 된다고 하면서 아이들의 부담을 없애 주세요. 마찬가지로 그래픽 조직자를 글 전체 내용에 적용해야 하는 것은 아닙니다. 일단 글을 읽고 글의 일부분만 활용하여 그래픽 조직자를 만들어도 좋습니다.

3, 4학년 대상 정보를 주는 책

주제	도서	저자	출판사
환경	(어린이를 위한) 고릴라는 핸드폰을 미워해	박경화	북센스
	쓰레기 산의 비밀	강로사	썬더키즈
	지구를 구하는 쓰레기 제로 대작전	시마 외즈칸	토토북
	퀴즈! 미세먼지	임정은	초록개구리
경제	경제는 어렵지만 부자가 되고 싶어	월터 안달	윌북
	교양 꿀꺽: 경제는 어떻게 움직일까?	윤현주	봄마중
	용돈 잘 쓰는 법	김선 외	메가스터디북스
	편의점에서 경제도 파나요?	정연숙	책읽는곰
동물	동물을 제대로 키우는 방법	마츠하시 도모미츠	봄나무
	반려동물, 무엇이든 물어봐!	예영	파란자전거
	퀴즈, 반려동물!	임정은	초록개구리
	판다 대백과	상상인샤	뭉치
인체, 건강	빵집 의사의 인체 대탐험	이원천	사계절
	엉덩이로 자동차 시동을 건다고?	마리아 버밍엄	푸른숲주니어
	인류의 건강을 지켜 준 청결 이야기	앵그리드 토부아	개암나무
	초등학생이 알아야 할 우리 몸 100가지	알렉스 프리스 외	어스본코리아

육하원칙 그래픽 조직자로 이야기 글 요약하기

3, 4학년	#줄거리요약 #이해(인물·사건·배경·표현)	낭독극으로 읽기
수업 주제	이야기 글을 읽고 육하원칙 그래픽 조직자로 줄거리 요약하기	
수업 목표	육하원칙 그래픽 조직자를 활용하여 줄거리를 요약할 수 있다.	
준비물	『귀신도 반한 숲속 라면 가게』, 활동지	

[함께 읽을 책]

『**귀신도 반한 숲속 라면 가게**』 이서영, 크레용하우스

이 책은 아이들의 흥미를 불러일으킬 수 있는 '귀신'과 '라면'을 소재로 하고 있으며 아이들에게 유익하고 재미있는 3가지 주제의 에피소드가 한 편의 이야기로 이어지도록 구성되어 있습니다. 에피소드마다 각기 다른 사건이 발생하기 때문에 줄거리를 요약하기에도 좋은 책입니다. 이 책은 새로운 등장인물이 등장할 때마다 에피소드

가 조금씩 바뀌어서 인물마다 새로운 생각 거리를 가져다줍니다. 첫 번째 등장인물인 도둑(상수 씨)은 정직한 삶의 자세를 일깨워 주고, 두 번째 등장인물인 아이(초호)는 아동학대 문제를 알게 하고, 세 번째 등장인물인 강아지(티티)를 통해 유기견 문제를 다루고 있습니다. 이 등장인물들은 모두 숲속 라면 가게에서 복술 씨의 라면을 먹고 차를 마시거나 보살핌을 받으며 긍정적이고 편안한 에너지를 얻습니다.

[독서 전 활동]

책을 읽기 전에 책 제목과 표지를 관찰하고 육하원칙으로 책 내용을 예상해 보는 활동을 합니다. 학생들은 읽을 책의 내용을 예상하며 책에 대한 기대감을 가질 수 있고, 육하원칙에 대한 개념을 정립할 수도 있습니다. 다음은 활동 예시입니다.

(독서 전)	책 제목과 표지를 관찰하고 육하원칙으로 책 내용 예상하기
누가 (사람/사물)	라면 가게 주인이
언제 (시간)	아침에
어디서 (장소)	라면 가게에서
무엇을 (대상)	라면을
어떻게 (방법/행위)	끓일 것이다.

	왜 (이유)	숲속에 사는 사람들에게 아침 식사를 주기 위해서
하나의 문장으로 만들기		아침에 라면 가게 주인이 숲속에 사는 사람들에게
		아침 식사를 주기 위해서 라면 가게에서 라면을 끓일
		것이다.

이미지 출처: flaticon.com

[독서 활동]

이 책은 총 7장으로 구성되어 있습니다. 하나의 장을 읽을 때마다 육하원칙 그래픽 조직자로 줄거리 요약하기 활동을 할 것이기에 학생들에게 육하원칙에 집중해서 읽도록 합니다. 다만, 저학년의 경우 책을 혼자 조용히 읽는 것보다 학급 전체가 함께 읽을 때 더욱 재미있게 읽을 수 있기 때문에 '낭독극으로 읽기' 방법을 선택했습니다.

낭독극으로 책을 읽을 때는 하나의 장이 끝날 때마다 맡은 배역을 바꾸어 모든 학생이 배역을 골고루 맡도록 하는 것이 좋습니다. 그리고 책을 읽는 중 '누가', '언제', '어디서' 관련 표현이 나오면 누구든 손을 들고 육하원칙이라고 말할 수 있도록 합니다. '무엇을', '어떻게', '왜' 관련 표현은 직관적으로 찾기에 명확하지 않아서 읽기 활동에서는 생략합니다. 예를 들어 이 책에서는 다음과 같은 표현을 찾을 수 있습니다.

누가	복술씨가, 귀신 할머니가, 상수씨가, 초호가
언제	낮에, 일식이 일어날 때, 어릴 때
어디서	숲속에서, 라면 가게에서, 집에서

[독서 후 활동]

3학년 학생들에게 아무런 단서 없이 지금까지 읽은 내용을 요약하라고 하면 잘 해낼 수 있는 학생이 거의 없을 것입니다. 하지만 육하원칙 그래픽 조직자를 활용하여 하나씩 차근차근 정리한다면 누구나 잘 해낼 수 있습니다. 장 하나를 읽을 때마다 잠시 읽기를 멈추고 지금까지 읽은 내용을 육하원칙에 따라 활동지에 쓰고 이를 하나의 문장으로 만들도록 합니다. 이때 책에서 찾을 수 없는 원칙은 건너뛰고 읽은 내용을 모두 담지 않아도 된다고 안내하여 아이들이 부담 없이 글을 쓸 수 있도록 합니다. 예를 들어, 책의 첫 장 '귀신 붙은 자리'를 읽고 나서 다음과 같이 육하원칙으로 나타낼 수 있습니다.

- 누가? 복술씨가
- 언제? (생략)
- 어디서? 숲속에서
- 무엇을? 오두막을
- 어떻게? 샀다
- 왜? 라면 가게를 차리기 위해서

[활동지]

(○○쪽~○○쪽 독서)
육하원칙 그래픽 조직자로 줄거리 요약하기

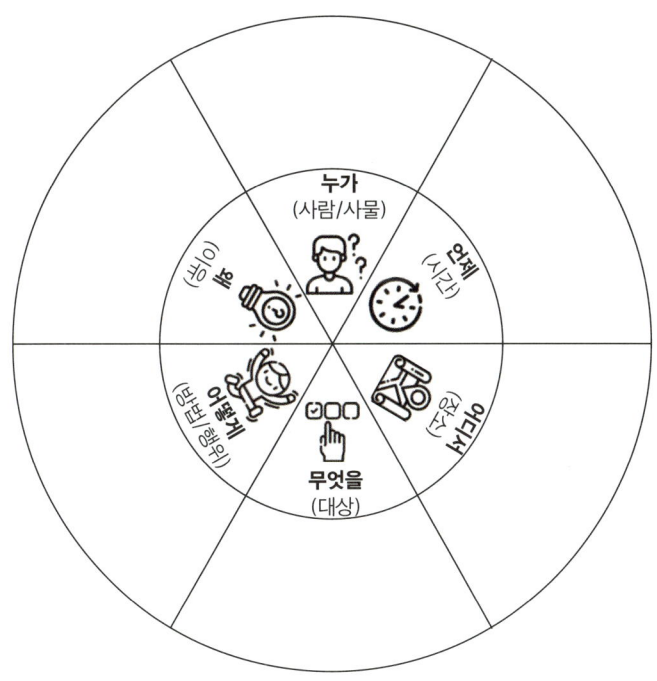

하나의 문장으로 만들기	

그리고 이를 종합하여 문장으로 만들면 '복술씨가 라면 가게를 차리기 위해서 숲속에서 오두막을 샀다.'가 됩니다. 이런 방법으로 아이들은 일곱 가지 장을 모두 읽고 총 일곱 문장으로 책의 내용을 간추릴 수 있습니다. 아이들은 이 활동을 통해 줄거리 요약에 대한 부담감을 극복하고 육하원칙에 입각한 글쓰기를 통해 쓰기 문해력을 기를 수 있습니다.

[수업 후기]

초등학교 3~6학년 국어 교과서에 독서 단원이 있습니다. 학년별 독서 단원에서 공통적으로 나오는 활동이 있는데, 그중 하나가 '줄거리 간추리기'입니다. 책을 읽고 독후활동으로 줄거리 간추리기 활동을 하면 저학년 학생뿐만 아니라 고학년 학생도 막막해하는 경우가 많습니다. 이 활동을 재미있게 잘하기 위해서 여러 가지 전략을 사용해 보았지만 '육하원칙 그래픽 조직자'를 사용하는 것이 가장 효과가 좋았습니다. 육하원칙에 따라 줄거리를 요약하는 것은 누구나 쉽고 직관적으로 할 수 있기 때문입니다. 육하원칙을 처음 접하는 학생들은 육하원칙을 그림으로 나타낸 그래픽 조직자 활동지를 통해 육하원칙을 쉽게 이해할 수 있었습니다. 학생들이 어렵고 막막해하던 줄거리 간추리기를 쉽게 해낼 수 있어서 교사와 학생 모두에게 만족도가 높은 수업이었습니다.

수업 tip

육하원칙 그래픽 조직자를 활용하여 줄거리 요약하기 활동을 할 때, 모든 원칙을 완벽하게 쓰는 것에 집착하지 않고 되도록 자유롭게 쓸 수 있도록 해 줍니다. 그리고 학생들이 만든 문장을 발표할 수 있는 기회를 많이 주고 칭찬하면서 격려하면 발표하는 학생은 성취감을 느낄 수 있고 다른 학생들은 친구의 발표를 들으면서 배울 수 있습니다. 책을 읽을 때마다 육하원칙 그래픽 조직자를 활용하여 줄거리 요약하기 활동을 한다면 학생들은 줄거리 요약하기에 자신감이 붙을 것입니다.

3, 4학년 대상 단편동화 목록

도서	저자	출판사
거짓말의 색깔	김화요	오늘책
마다니만 한 축구 선수는 없어	프란 핀타데라	다봄
멀쩡한 이유정	유은실	푸른숲주니어
무영이가 사라졌다	최은실	뜨인돌어린이
미움을 파는 고슴도치	슬라비 스토에프	다봄
블루마블	이나영	문학동네
사랑은 초록	조은비	창비
시원하게 도와주는 북극곰 센터	황지영	북스그라운드
제후의 선택	김태호	문학동네
향기를 만드는 말의 정원	김주현	노란상상

감정그래프 그래픽 조직자로 인물의 감정을 이해하고 표현하기

3학년	#이해(인물·사건·배경·표현) #추론	다 같이 읽기
수업 주제	인물의 감정 이해하기	
수업 목표	책을 읽고 인물의 감정을 이해해 감정 그래프를 만들 수 있다.	
준비물	수업에 활용할 책, 인덱스 포스트잇, 활동지	

[독서 활동]

어린이 동화책은 인물이 입체적인 경우가 많습니다. 따라서 도서를 선정할 때 너무 부담감을 가지지 않고 그냥 재미있는 책을 골라도 됩니다. 3학년 수준에서 읽을 수 있는 동화책은 한 시간 동안 함께 읽을 수 있는 정도의 양입니다. 학생들이 돌아가면서 함께 읽거나, 교사가 특정 부분을 읽어 주는 것도 좋습니다.

읽으면서 중요한 사건이 일어나는 부분에서는 인물의 감정에 집중하도록 합니다. 이때 인덱스 포스트잇을 활용하여 인물의 감정을 적어 보게 합니다. 해당 부분의 인물의 감정을 포스트잇에 적어서 붙이도록 합니다. 인물별로 다른 색상의 포스트잇을 활용하면 활동 진행이 더 수월해집니다. 3학년 수준에서는 아직 요약하기가 어려우므로 중요한 사건은 교사가 함께 체크해 주는 것이 좋습니다.

[독서 후 활동]

인물의 감정을 시간 순서에 따라 이해할 수 있도록 감정 그래프 만들기 활동을 진행합니다. 우선 각자 어떤 인물의 감정을 표현할지 정합니다. 책을 읽으면서 붙였던 포스트잇을 보면서 인물의 감정을 따라가 봅니다. 중요한 사건이 발생했을 때의 인물의 감정을 정리해서 적어 봅니다. 이때 인물과 감정은 학생들이 스스로 정할 수 있도록 자율성을 줍니다. 감정을 적기 어려워하는 학생들을 위해 감정 예시를 제시해 주는 것도 좋습니다. 시간 순서에 따른 인물의 감정을 적고, 그런 감정을 느낀 이유도 함께 간략하게 적습니다.

학생들이 만든 감정 그래프는 실물화상기 등을 활용해 함께 보는 것이 좋습니다. 같은 인물의 같은 행동을 보고 저마다 다른 감정을 파악할 수 있다는 것을 느낄 수 있습니다. 다른 사람의 발표를 통해 감정을 더욱 풍부하게 이해하고 타인과 나 사이의 감정 감수성이 다름을 인지하는 시간이 될 수 있습니다.

[수업 후기]

감정 그래프 만들기 활동은 정답이 없으니 학생들이 편안하게 활동할

[활동지]

인물의 감정 그래프
– 시간 순서에 따라 –

책 제목				
지은이		출판사		

인물의 이름 (   )

좋음				
중간				
나쁨				
감정				
인물이 이 감정을 느낀 이유				

감정의 예시

걱정, 고마움, 괴로움, 긴장, 기쁨, 나쁨, 놀람, 다행, 답답함, 당황, 두려움, 무서움, 미안, 벅참, 부끄러움, 불안, 불쾌, 불편, 불행, 뿌듯함, 서러움, 설렘, 속상함, 슬픔, 쓸쓸, 억울함, 외로움, 울적, 용감함, 자랑스러움, 즐거움, 좋음, 짜증, 창피, 초조, 편안, 평화, 행복, 허탈, 화남, 후련 수 있게 유도해 주세요. 어려워하는 학생이 있다면 중요 사건을 다시 짚어 주는 것도 좋습니다. 고학년이라면 MBTI와 연계해서 수업하는 걸 추천합니다. 같은 행동을 보고 다른 감정을 느끼는 것을 이해하는 데 도움이 됩니다.

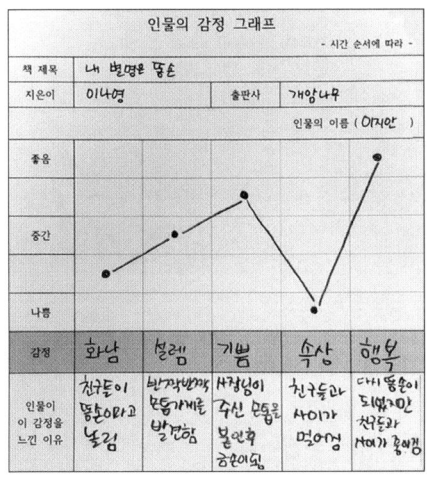

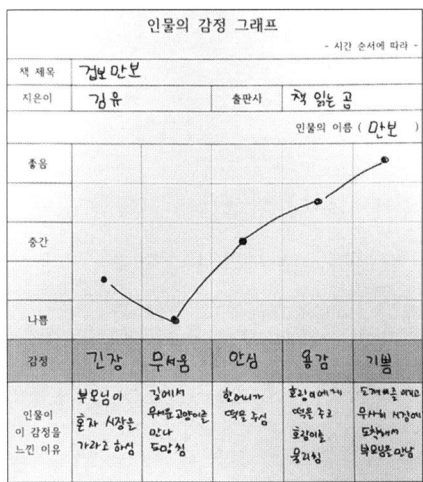

활동지 예시

4컷 만화 그래픽 조직자로 그림책 읽고 표현하기

3~6학년	#줄거리요약	각자 읽기
수업 주제	그림책 만화로 표현하기	
수업 목표	그림책을 읽고 네 컷 만화로 표현할 수 있다.	
준비물	그림책, 활동지	

그림책을 읽고 만화로 표현하는 활동은 그림책을 요약하는 활동입니다. 이 활동에서 학생들은 그림책에서 중요한 장면 4개를 고르게 됩니다. 이를 통해 요약하기를 본격적으로 배우기 전에 요약이 어떤 것인지 알 수 있게 합니다. 학생들이 친숙하게 느끼는 만화로 표현하는 활동을 통해 요약하기를 시작하는 학생들에게 요약에 대한 진입 장벽을 낮춰 줄 수 있습니다.

[독서 후 활동]

우선 학생들에게 각자 그림책을 한 권씩 골라 오게 합니다. 읽어 본 책

[활동지]

그림책을 소개합니다!!

( )학년 ( )반 이름 ( )

책 제목			
지은이		출판사	

1	**2**
3	**4**

을 가져와도 된다고 안내합니다. 새로운 그림책은 이야기를 파악하는 데 시간이 소요되기 때문에 이전에 읽어 본 책을 고르는 것을 추천합니다. 책을 읽기 전에 중요한 장면을 찾아야 한다는 것을 미리 안내합니다. 그림책을 읽고 중요한 장면 네 개를 고르도록 합니다. 그 장면들을 다른 친구들에게 보여 주면서 읽은 그림책을 소개할 수 있어야 한다고 안내합니다.

만화로 표현하는 활동이기 때문에 말풍선을 활용하여 그림책을 대화문 형식으로 바꿔야 합니다. 글을 그림책과 똑같이 적을 필요는 없습니다. 이야기를 풀어가기 위해 두 문장을 합치는 등 이야기를 바꾸지 않는 선에서 변형하는 것도 괜찮습니다.

활동지 예시

[수업 후기]

학생들은 이 수업을 통해 요약하기 활동에 쉽게 다가갈 수 있게 됩니다. 이야기를 요약하기 위해서는 주어진 이야기를 충분히 이해하고 중요한 부분을 찾을 수 있어야 합니다. 학생들이 서로 의견을 나누면서 중요한 장면을 찾아내고 다른 학생들에게 소개할 수 있도록 활동지를 만드는 과정에서 학생의 문해력은 크게 성장할 수 있습니다.

고학년이라면 소설책을 읽고 요약하고 만화로 표현해 보는 활동으로 확장할 수 있습니다.

> **수업 tip**
> 책을 고르기 어려워하는 학생들을 위해 교사가 미리 도서를 몇 권 골라 준비하는 것도 좋습니다.
> 수업이 끝난 후 학생들의 활동지를 책과 함께 전시합니다. 활동지는 다른 학생들의 흥미를 끌 수 있습니다.

오감 그래픽 조직자로 감각적 표현하기

3, 4학년	#어휘	교사가 읽어 주기
수업 주제	오감을 활용하여 감각적으로 표현하기	
수업 목표	오감을 활용하여 그래픽 조직자에 감각적으로 표현할 수 있다.	
준비물	오감 스파이 게임(간식, 종이컵), 활동지	

[책 읽고 감각적으로 표현하기]

『찰리와 초콜릿 공장』 로알드 달, 시공주니어

초등학교 3학년 1학기 국어 교과서 '재미가 톡톡톡' 단원을 통해 학생들은 감각적 표현하기를 배웁니다. 이 단원과 연계하여 아이들이 좋아하는 간식을 주제로 오감을 다양하게 표현하는 방법을 배울 수 있도록 수업을 계획해 보았습니다.

수업 과정

1. 한입에 들어가는 크기의 초콜릿을 준비합니다.
2. 책 읽기 전 초콜릿을 관찰하고 오감으로 표현해 봅니다.
3. 청각, 후각, 촉각, 시각, 미각으로 상상하여 표현하는 활동을 합니다.
4. 『찰리와 초콜릿 공장』에서 생일선물로 받은 초콜릿을 먹은 찰리의 이야기를 교사가 발췌하여 큰 소리로 읽어 줍니다.
5. 학생들은 교사의 낭독을 들은 후 활동지 오른쪽에 청각, 후각, 촉각, 시각 순으로 표현해 봅니다.
6. 마지막으로 초콜릿을 먹고 미각을 표현합니다. 초콜릿을 먹을 때에는 씹지 않고 녹여서 천천히 맛을 느끼고, 그 느낌을 글로 풀어 씁니다.

[수업 후기]

오감을 활용하여 감각적으로 표현하는 것은 쉽지 않습니다. 시각이나 청각은 쉽게 시도하겠지만 후각과 촉각 그리고 미각으로 표현하려면 반복된 훈련이 필요하기 때문입니다. 맛있는 간식을 소재로 이런 수업을 진행하면 아이들의 집중력을 최고로 끌어올릴 수 있습니다. 아이들이 오감을 그래픽 조직자 형태의 활동지로 표현하고, 감각적 표현을 담은 짧은 글을 쓰면서 문장이 더 풍부해졌습니다. 아이들이 완성한 멋진 글을 볼 수 있었습니다.

● 추천 게임- 오감 스파이 게임

(*음식 추천: 초콜릿, 땅콩이나 아몬드, 캐러멜, 쿠키 등)

1. 준비물: 모둠 인원만큼의 종이컵, 간식, 구슬
2. 게임을 처음 진행하는 경우 초코볼로 진행하는 것을 추천합니다. 초코볼은 스파이가 받을 가짜 음식인 구슬과 가장 유사한 형태이기 때문입니다.
3. 4인 모둠의 경우, 종이컵 네 개 중 세 개에 똑같은 음식을 넣고 하나에 구슬을 넣어서 준비합니다. 내용물을 볼 수 없도록 포스트잇으로 입구를 막습니다.
4. 단계별로 관찰한 내용을 이야기합니다. 단계는 청각 〉후각 〉촉각 〉시각 〉미각(먹고 나서 표현하기)입니다. 구슬을 넣은 종이컵을 받은 사람은 스파이가 되어 상상하여 표현합니다.
5. 시각 단계 전까지는 어떤 음식인지 상상하면서 표현하는 것이 게임의 재미 요소입니다.
6. 미각 표현하기까지 끝난 뒤에는 스파이라고 생각되는 사람을 각자 뽑고 그 이유를 말합니다.
7. 스파이가 세 표보다 적으면 스파이의 승리입니다. 스파이는 표를 적게 받을수록 상으로 음식을 많이 받을 수 있습니다.(0표면 음식 3개, 1표면 음식 2개, 2표면 음식 1개)

[활동지]

학년   반   이름:

오감 그래픽 조직자: 감각적 표현하기

1. 책을 읽은 후 초콜릿 그림 위에 오감을 다양하게 표현해 보세요.

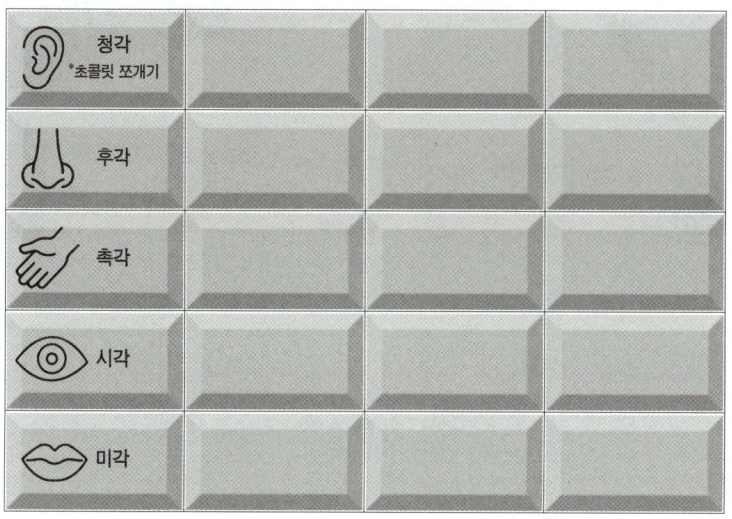

2. 초콜릿을 주제로 감각적 표현을 넣은 짧은 글을 써 보세요.

오감 스파이 게임 활동 모습

활동지 예시

음식이 나오는 동화 추천

도서	저자	출판사
귀신도 반한 숲속 라면 가게 1, 2	이서영	크레용하우스
마법의 설탕 두 조각	미하엘 엔데	소년한길
만복이네 떡집 시리즈	김리리	비룡소
매콤달콤 받아쓰기 특급 비법	이서영	크레용하우스
생일엔 마라탕	류미정	밝은미래
신기한 맛 도깨비 식당 시리즈	김용세, 김병섭	꿈터
어린이 절대 사절 노노 식당	한수언	꿈터
이상한 과자 가게 전천당 시리즈	히로시마 레이코	길벗스쿨
이해의 선물	폴 빌리어드	길벗어린이
찰리와 초콜릿 공장	로알드 달	시공주니어
한밤중 달빛 식당	이분희	비룡소
호랑이 빵집	서지원	아르볼

3부

문해력 꽃 피움

- 6장 -

디지털 미디어를 활용한 문해력 교육

오늘날 디지털 기술의 발달로 인해 삶의 많은 부분이 온라인상에서 이루어지고 있습니다. 스마트폰, 태블릿pc, 스마트TV, 전자칠판 등 디지털 미디어는 우리 생활에서 뗄 수 없는 도구가 되었습니다. 이는 단순히 읽고 쓰는 능력을 넘어, 디지털 환경에서 정보를 이해하고 활용할 수 있는 능력인 '디지털 문해력'이 그 어느 때보다 중요해졌다는 것을 의미합니다. 특히 오늘날과 같이 디지털 기술이 급속도로 발전하는 시대에 디지털 문해력은 단순한 기술적 능력을 넘어서 비판적 사고력, 창의적 문제해결력 등 다양한 역량을 포함하는 개념이라고 할 수 있습니다. 다양한 디지털 미디어를 활용한 수업은 아이들이 디지털 사회를 더욱 능동적이고 주체적으로 살아갈 수 있도록 도와줄 것입니다. 이 장에서는 디지털 미디어를 활용하여 아이들의 디지털 문해력을 기를 수 있는 다양한 방법을 소개합니다. 구글어스, 썸트렌드, 빅데이터 등 친숙하지만 선뜻 수업에 활용하지 못했던 디지털 미디어를 활용하여 수업한다면 아이들이 디지털 환경에서 문해력을 기르면서 재미있게 수업에 참여할 수 있을 것입니다.

디지털 영상 자료를 활용한 요약 문해력 기르기

4~6학년	#줄거리요약 #디지털문해력	중요한 내용 요약하며 읽기
수업 주제	디지털 영상 자료 바르게 활용하기	
수업 목표	디지털 영상 자료를 보고 중요한 내용을 요약할 수 있다.	
준비물	교육용 영상 자료, 활동지	

학생들이 유튜브 동영상을 볼 때 대개는 별다른 생각 없이 보곤 합니다. 다 본 다음에는 서로 재미있었는지, 재미없었는지를 이야기합니다. 비판적 사고력이 뛰어난 학생은 이 영상을 왜 만들었는지에 대해 생각합니다. 이런 단순한 질문에서 비판적 사고력이 자라납니다. 요즘 궁금한 게 생기면 네이버나 구글 같은 포털사이트에서 검색하지 않고, 유튜브에서 검색하는 아이들의 비중이 높아지고 있습니다. 검색한 내용을 글자로 읽어 해석하는 것보다 유튜브 영상을 찾아보는

것이 이해하기 쉽기 때문입니다. 디지털 자료, 특히 동영상 자료가 넘쳐나는 시대에 걸맞게 아이들이 영상을 보며 세상을 이해한다면, 그런 자료를 정확히 보고 제대로 이해할 수 있는 능력인 디지털 문해력은 점점 더 중요해질 것입니다.

[짧은 동영상 보고 줄거리 요약하기]

흔히 영상을 보면 그 내용을 당연히 이해할 거라고 생각하지만, 문해력이 떨어지는 아이들은 동영상을 보고 그 내용을 이해하지 못하는 경우가 많습니다. 수업 자료 혹은 일상을 살아가며 필요한 정보를 검색해서 찾은 동영상을 제대로 읽어내지 못한다면 학습 능력을 제대로 발휘하기 어려울 것입니다. 따라서 동영상 자료를 제대로 보고, 그 내용을 정확히 이해하는 연습이 필요합니다.

'요약하기'라는 확실한 교육적 목적을 미리 말해 주고 영상 시청 후의 내용을 작성하게 한다면 학생들이 영상의 핵심 내용을 파악하고 정리하는 습관을 기를 수 있습니다. 영상 자료를 함께 본 후 KWL 전략(Know, Want, Learned)으로 시청 내용을 정리해 보도록 합니다. 정리한 내용을 참고하여 동영상 전체 내용을 축약하여 한 문장으로 요약하기, 원래 제목과 다른 제목을 생각해서 적기, 댓글 달기 활동까지 점진적으로 진행합니다. 디지털 읽기 자료에 관심을 갖고, 시청한 내용을 요약하여 쓰는 활동은 문해력을 향상시키는 데 긍정적인 영향을 미칠 것입니다.

[활동지]

학년   반   이름:

디지털 영상 자료 보고 요약하기

1. KWL 전략을 활용하여 동영상의 내용을 정리해 보세요.

K W L		
Know	Want	Learned
이미 알고 있는 내용	궁금한 내용, 알고 싶은 내용	새롭게 알게 된 내용

2. 동영상 전체 내용을 한 문장으로 요약해 보세요.

3. 원래 제목 외에 이 동영상에 어울리는 또 다른 제목을 생각해 보세요.

4. 동영상 시청 후의 소감을 댓글 형식으로 간단히 작성해 보세요.

[비판적 문해력 시각 기르기]

디지털 자료 활용수업 시 학생들은 많은 영상 자료를 보는데 대체로 그 내용을 평가 없이 그대로 받아들입니다. 다양한 디지털 콘텐츠를 소비하는 동시에 생산하는 과정에서 비판적 문해력을 기르기 위해서는 다음과 같은 생각을 할 수 있도록 지도해야 합니다.

디지털 콘텐츠를 소비 혹은 생산 시 생각해 볼 문제

- 누가 만들었을까?
- 콘텐츠를 만든 이유는?
- 콘텐츠의 내용은?
- 참고한 자료는 믿을 만한 자료인가?(정보의 출처와 신뢰성 평가하는 능력)
- 어떤 삶의 가치(철학)가 담겨 있나?
- 내가 만든 콘텐츠를 사용하는 사람은 어떤 생각을 하고, 어떤 기분을 느낄까?

(콘텐츠의 윤리적 제작 및 배포에 관한 지침)

[수업 후기]

디지털 영상 자료를 보고 핵심 내용을 요약하는 쓰기 활동을 할 때, 자료 동영상으로 최근 이슈가 된 사회 현상을 다룬 뉴스나 동화 애니메이션, 인문사회과학 교육용 영상 등이 적절합니다. 시작은 부담 없이 따라올 수 있는 5분 이내의 짧은 동영상으로 하는 것을 추천합니다. 이야기책과 마찬가지로 아이들의 관심과 흥미를 유발하는 동영상 자료가 좋으며 점차 15~20분 정도의 영상 자료로 요약하는 쓰기 활동을 진행해 봅니다.

연계 활동으로 동영상 자료에 대한 감상이나 의견을 1~2줄로 요약해 댓글로 써 보는 활동을 진행했습니다. 이를 통해 학생들이 디지털 영상 자료 소비에 대해 바르고 적극적으로 표현할 수 있게 도움을 줄 수 있었습니다.

초등학생에게 유용한 디지털 교육용 영상 추천(유튜브 채널)

포코요 Pocoyo	영어, 일본어, 중국어 등 다양한 언어를 알려주는 채널
무비콘 애니	디즈니, 도널드 덕, 미키마우스, 뽀빠이, 안데르센 명작 동화 등 유명한 애니메이션 제공
안될과학	과학의 대중화를 위해 현직 과학자들이 직접 참여해 만든 과학 채널
은근한 잡다한 지식	일상 속에서 궁금했거나 알아두면 도움이 될 만한 상식과 흥미로운 지식 제공
지니스쿨 역사 GeniSchool History	중요한 세계사와 한국사를 재미있는 애니메이션으로 제공, 아이들 시선에 맞춰 있어 흥미롭게 역사 공부 가능

구글어스로
공간 문해력 기르기

5, 6학년	#디지털문해력	공간적 배경에 집중해 읽기	
수업 주제	구글어스를 활용해 공간적 배경 조사하기		
수업 목표	책 속 공간적 배경을 조사하여 발표할 수 있다.		
준비물	공간적 배경이 드러나는 책, 데스크톱 컴퓨터, 활동지		

　구글 아이디만 있으면 모든 연령대의 사용자가 언제 어디서든 무료로 지구를 탐험할 수 있습니다. 구글어스(Google Earth)는 지구를 탐험하고 다양한 지리 정보를 시각화하는 데 사용되는 도구입니다. 구글어스를 통해 이국적인 도시, 3D로 렌더링된 명소와 건물을 가까이에서 살펴볼 수 있습니다. 이러한 도구를 활용해 스스로 탐구하여 지형과 문화를 익히는 경험은 아이들에게 미래의 꿈을 키울 실마리가 될 것입니다.

우리나라에서는 여러 가지 문제로 구글어스에서 제공하는 기능을 모두 사용할 수 없습니다. 그럼에도 아이들의 흥미를 끌고 공간 문해력을 증진할 수 있는 다양한 기능을 활용할 수 있습니다. 우리나라 사용 환경에 국한된다는 점을 미리 고지하며, 구글어스의 교육적 활용방법을 소개하겠습니다.

[수업 준비]

구글어스 활용수업 목적

지도 앱이 익숙하지 않은 아이들에게 구글어스는 매우 흥미로운 도구일 수도 있고, 어렵기만 한 도구일 수도 있습니다. 교사는 수업 전 공간 문해력에 관한 동기를 유발하고 자발적인 탐구학습을 만들기 위해 구글어스를 활용한다는 점을 학생들에게 미리 알릴 필요가 있습니다. 교사도 이러한 목적을 견지하고 수업을 구성해야 합니다. 저의 구글어스 활용수업 목적은 다음과 같습니다. 교사 개개인이 추구하는 수업 목적과 교과에 맞춰 참고하기 바랍니다.

> **구글어스 활용수업 목적**
>
> 1. **지리적 이해 촉진**: 학생들은 구글어스를 통해 실제 지구의 지리적 특징과 구조를 시각적으로 이해하고 탐구할 수 있습니다. 지구의 지형, 도시 및 자연환경 등을 탐색하여 지리적 지식을 향상시킵니다.
> 2. **문화 및 역사적 이해 강화**: 구글어스를 활용하여 세계 각지의 문화적, 역사적 장소를 탐구함으로써 학생들은 전 세계의 다양한 문화와 역사에 대한 이

> 해를 증진할 수 있습니다.
> 3. **지리적 위치 및 좌표 이해:** 구글어스를 통해 학생들은 지리적 위치 및 좌표 체계에 대한 이해를 개발하고 지구상의 다양한 장소를 찾아볼 수 있습니다.
> 4. **창의적 사고력 및 탐구 활동:** 학생들은 구글어스를 활용하여 자신만의 지구 모델을 만들고, 탐구적 학습 활동을 수행하여 창의성과 탐구 정신을 증진시킬 수 있습니다.
>
> 구글어스는 이러한 목적에 부합하여 학생들의 지식 습득과 이해력을 촉진하고, 지구과학, 지리, 역사, 환경 교육 등 다양한 주제에 대한 학습을 지원합니다.

구글어스 사용 환경

한국에서 구글어스는 웹사이트를 통한 서비스만 제공할 뿐, 태블릿 pc나 휴대폰으로 활용할 수 있는 앱 서비스는 제공하지 않습니다. 또한, 일부 지역은 안보 문제와 관련해 서비스를 제공하지 않습니다. 수업을 하려면 여러 명이 동시간에 이용할 수 있는 컴퓨터실을 이용해야 합니다.

구글 계정 준비

구글어스에 접속하기 위해서는 구글 아이디 로그인이 필요합니다. 이메일이 익숙하지 않은 아이들이라면 구글 아이디를 만드는 것부터 큰 난관이 펼쳐질 수 있습니다. 따라서 개인정보가 필요한 회원가입을 최대한 수업 전에, 되도록 학생들이 가정에서 할 수 있도록 지도합니다. 따라오지 못하는 학생들은 교사가 개별적으로 지도합니다.

[구글어스 기능 알아보기]

구글어스(earth.google.com)에 접속해 구글 아이디로 로그인하면 다음과 같은 화면이 나타납니다. 한 차시 정도 시간을 내어 학생들이 직접 여러 기능을 사용해 보고 알게 된 기능을 메모하도록 하거나, 교사가 여러 기능 중 수업 목적과 방향에 부합하는 기능을 소개하는 것도 좋습니다.

구글어스 메인 화면

특정 장소 찾기

① 상단의 'Google 어스 검색'을 클릭합니다.
② 이동은 마우스로 드래그합니다.
③ 확대 및 축소는 오른쪽 하단 끝 쪽에 있는 '-'나 '+' 버튼을 클릭하거나 마우스를 드래그합니다.
④ 내 위치 주변 탐색은 'ctrl' 키를 누른 상태로 화면을 드래그하면 됩니다.

위도 및 경도 파악

① 특정 장소를 검색합니다.

② 왼쪽 하단 '레이어'를 클릭합니다.

③ '격자선'을 사용 설정으로 조정합니다.

④ 원하는 지점에서 마우스 오른쪽을 클릭하면 나오는 '좌표 복사'를 활용해 경도와 위도를 파악합니다.

3D 이미지 표시

① 특정 장소를 검색합니다.

② 오른쪽 하단 '3D' 아이콘을 클릭합니다.

③ 왼쪽 하단 레이어에서 '3D 건물' 사용을 켜거나 끕니다.

타임랩스

① 특정 장소를 검색합니다.

② 왼쪽 하단 '레이어'를 클릭합니다.

③ '타임랩스' 기능을 설정합니다.

④ 오른쪽 상단에 연도가 나타나며 시대별 장소의 모습이 오버랩됩니다.

구글어스 주요 기능 활용 예시

특정 장소 찾기		부여 궁남지 검색 - 확대 및 축소 - 장소 주변 탐색
위도나 경도 파악		부여 궁남지의 위도, 경도 설정 - 36°16'10"N 126°54'44"E

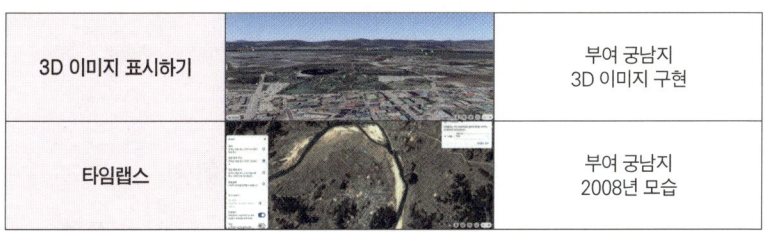

3D 이미지 표시하기		부여 궁남지 3D 이미지 구현
타임랩스		부여 궁남지 2008년 모습

[구글어스 활용수업]

『80일간의 세계일주』 쥘 베른, 삼성출판사

출간된 지 150년이 된 모험소설입니다. 포그 씨가 런던에서 출발해 파리, 홍콩, 뉴욕 등 여러 도시를 거쳐 다시 런던으로 돌아오기까지 80일간의 여정을 그려 내고 있습니다. 책 속 다양한 나라의 문화와 이동 수단에 대한 묘사가 대부분 작가의 상상으로 쓰였다는 점이 흥미롭습니다.

학생들은 이 책을 읽으며 상상력을 기를 수 있습니다. 문학적 감상을 하면서도, 각자 알고 있는 여러 나라의 문화와 지형에 대한 내용을 읽으며 비판적 사고력을 기를 수 있습니다. 교사는 학생들에게 시간적 배경의 흐름과 공간적 배경의 변화에 집중해서 책을 읽도록 당부합니다.

완독 후에는 책 속에서 언급되었던 장소 중 가장 가보고 싶은 나라와 도시를 조사하는 활동을 합니다. 책에 묘사된 장소를 구글어스를 활용해 방문하고 책과 비교하면서 느낀 점을 서술하도록 하면 자연스럽게 디지털 문해력을 습득할 수 있을 것입니다.

[활동지]

1. 『80일간의 세계일주』를 읽고 내용을 정리해 봅시다.

『80일간의 세계일주』 내용 확인

1873년, 지금으로부터 150여 년 전 이 책을 쓴 '쥘 베른'은 프랑스인으로 다양한 책·신문·잡지를 통해 정보를 수집하고 그것을 통한 배경지식을 바탕으로 이 책의 줄거리를 완성했습니다. 이 점에 유의하며 내용을 정리해 봅시다.

1) 필리어스 포그는 어떤 성격인가요?

시간 지키는 것을 중요하게 생각하며, 자기가 정한 규정을 지키는 것을 좋아하는 완벽주의자이지만 인격적으로 따뜻한 면모도 있다.

2) 포그 씨는 어느 나라 사람인가요?

영국 사람

3) 포그 씨는 왜 80일간의 세계일주를 떠나게 되었나요?

80일 만에 세계일주를 할 수 있다는 신문 기사를 읽고 혁신클럽에서 이야기를 나누다가 내기를 하게 되어 실제로 여행을 떠나게 된다.

4) 포그 씨와 함께 세계일주를 떠난 사람의 이름은 무엇인가요?

장 파스파르투

5) 빈칸을 채워 포그 씨의 여행경로를 시간 순서대로 정리해 봅시다.

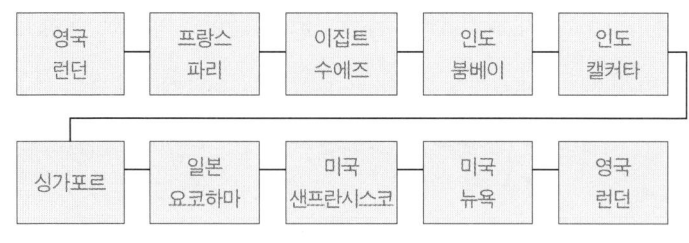

6) 약속했던 80일보다 5분 늦어 실패했다고 생각했던 세계일주를 80일 만에 마칠 수 있었던 이유는 무엇인가요?

해가 뜨는 동쪽으로 여행을 시작했기 때문에 동쪽으로 경도 1도를 지날 때마다 4분의 시간이 줄어들었다. 그래서 실제로 80일보다 빠른 79일 만에 도착할 수 있었다.

2. 구글어스를 활용해 책에서 나온 장소를 조사해 봅시다.

구글어스 활용해 장소 조사하기

구글어스(Google Earth)는 2005년부터 구글이 제공하는 서비스로 전 세계의 모습을 위성 이미지, 지도, 지형으로 볼 수 있습니다.
*구글어스(earth.google.com) / 구글어스 앱을 활용합니다.

1) 필리어스 포그가 방문했던 장소 중, 나에게 가장 흥미로운 곳은 어디인가요?

나라		도시	

2) 위 장소가 흥미롭게 느껴진 이유는 무엇인가요?

3) 구글어스를 살펴보고, 위의 1)에 적은 나라의 영토를 간단하게 그려 봅시다.

4) 장소에 링크된 위키백과를 클릭해 위 장소를 더욱 자세하게 조사해 봅시다.
　　(위키백과 읽고 목차 나누어 요약하기)

어원	
교육	
교통	
기후 등	학생이 직접 목차 분류하여 요약

5) 좌측 하단 '레이어'에서 '타임랩스' 기능을 활용하여 1984년부터 오늘까지 지역의 변화를 살펴보고, 무엇이 달라졌는지 느낀 점을 써 봅시다.

6) 조사한 지역에서 유명한 곳은 지역 표시(　)가 되어 있습니다. 가보고 싶은 장소를 자유롭게 선택해 살펴보고 정리해 봅시다.

7) 구글어스 사이트 또는 앱에서 활용하고 싶은 기능을 자유롭게 살펴보며 익혀 봅시다.

7-1) 어떤 기능이 있나요?

7-2) 기능을 어떻게 활용하면 좋을까요?

8) 구글어스 활용 장소 조사하기 활동을 통해 느낀 점은 무엇인가요?

[수업 후기]

가보지 못한 곳을 가보고, 겪어 보지 못한 시대를 살 수 있게 하는 몇 몇 방법 중 하나는 책을 읽는 것입니다. 책을 통해 간접적인 경험을 쌓으면 앞으로의 삶에 대한 의지와 꿈이 샘솟을 것입니다. 아이들에게 날마다 가고 싶은 장소가 생기고, 하고 싶은 것이 생길 것입니다. 디지털 미디어 도구를 활용하면 간접적인 경험이 꿈에 그치지 않고 구체화됩니다. 가보고 싶은 마음에서 언제 갈지에 대한 생각이나 어떤 것을 해야겠다는 마음으로의 변화는 아이들을 미래의 주인공으로 만들어 줄 것입니다.

공간적 배경이 다채로운 고전 도서

도서	저자
15 소년 표류기	쥘 베른
걸리버 여행기	조너선 스위프트
로빈슨 크루소	대니얼 디포
보물섬	로버트 루이스 스티븐슨
아라비안 나이트	아라비아 설화집(작자 미상)
어린 왕자	앙투안 드 생텍쥐페리
열하일기	박지원
톰 소여의 모험	마크 트웨인
해저 2만 리	쥘 베른

썸트렌드로 키워드 분석하여 어휘 문해력 키우기

5, 6학년	#어휘 #디지털미디어	관련 키워드 읽기
수업 주제	썸트렌드 활용하기	
수업 목표	썸트렌드를 활용하여 봄꽃에 대한 관심 동향을 분석할 수 있다.	
준비물	전자칠판 또는 빔 프로젝터, 활동지	

바야흐로 트렌드의 시대입니다. 사람들이 스마트폰으로 검색하는 모든 검색어들은 AI에 의해 수집되고, 수집된 정보는 빅데이터가 되며 기업에서는 빅데이터를 분석하여 트렌드를 파악합니다. 트렌드는 매우 빠르게 변화하고 있습니다. 매년 연말에는 다음 해에 유행할 트렌드를 분석한 서적들이 출간됩니다. 트렌드를 읽을 줄 아는 사람이 앞서가고, 결국에는 성공하는 시대입니다.

썸트렌드는 사람들이 블로그, 뉴스 등에서 언급한 키워드의 빅데이터를 제공합니다. 무료 플랜 기준으로 최근 한 달 동안의 키워드 데

이터 분석을 제공해서, 사람들의 관심이 어디에 쏠리고 있는지 파악할 수 있게 해줍니다. 썸트렌드를 활용한 수업이 문해력 향상에 큰 도움이 되는 이유는 다음과 같습니다. 첫째, 분석한 키워드와 함께 검색되는 연관어를 파악할 수 있어서 어휘력이 확장됩니다. 둘째, 키워드와 연관된 긍정·부정 단어를 함께 제공하므로 단어에 대한 중립적인 시각을 확보할 수 있습니다.

최근 1개월간의 키워드 분석

	소셜 분석
소셜 분석 언급량 분석 연관어 분석 긍·부정 분석	언급량 분석: 날짜별 분석/언급량이 많은 채널/언급량이 많은 일자/전년 동기간 대비 언급량 증감률
	연관어 분석: 분석 단어와 함께 많이 언급된 카테고리/연관어 중 가장 많이 언급된 키워드/연관어 순위 변화(*연관어는 카테고리별로 제공)
	긍정·부정 분석: 연관어 중 긍정적, 부정적 연관어/긍정·부정어 비율
	비교 분석-두 개의 키워드 비교
비교 분석 언급량 비교 연관어 비교 긍·부정 비교	언급량 비교: 분석 단어 언급량 합이 가장 많은 채널/두 개의 키워드 중 언급량이 가장 많은 단어/언급량 추이 비교
	연관어 비교: 분석 단어와 함께 많이 언급된 카테고리/공통 연관어 중 가장 많이 언급된 단어/연관어 비교
	긍정·부정 비교: 긍정 감성이 가장 높은 분석 단어/부정 감성이 가장 높은 분석 단어/분석 단어별 긍정·부정 연관 단어

[썸트렌드로 키워드 분석하기-소셜 분석]

썸트렌드를 수업에 활용하기 위해서는 최근 언급이 많이 되는 키워드 및 비교 대상이 있는 키워드를 선정하면 좋습니다. 썸트렌드는 만 14세 이상만 가입이 가능하기 때문에 초등학교 학생들이 썸트렌드에 직접 가입해서 활용하기에는 무리가 있습니다. 따라서 학생들과 함께 비교할 키워드를 선정한 후 큰 화면에 띄우고 함께 보는 방식으로 수업을 진행했습니다. 수업 시기가 3월 말이라 '봄꽃-벚꽃'을 주제로 정하고 썸트렌드의 '소셜 분석' 기능을 활용해 분석하여 보았습니다.

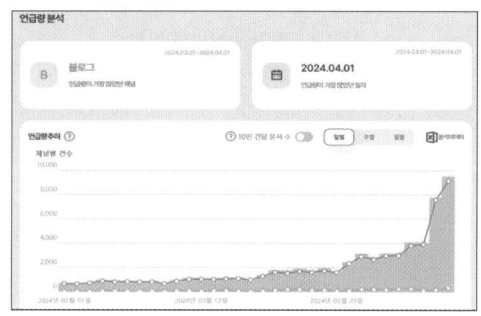

'벚꽃' 검색 결과 - 3월 말로 갈수록 검색량 증가

[썸트렌드로 키워드 분석하기-비교 분석]

썸트렌드의 '비교 분석' 기능을 이용해 벚꽃과 비슷한 시기에 언급되는 다른 봄꽃 '목련'을 함께 분석해 보았습니다. 비교 분석을 통해 목련보다 벚꽃의 언급량이 훨씬 많고, 동시에 꽃이 피는 3월 말에 언급량이 늘어난다는 것을 파악할 수 있습니다. 벚꽃과 목련 각각의 연관어 및 공통되는 연관어도 보여 줍니다. 비교 분석 기능은 물건 구매 결정 시 고민되는 두 브랜드에 관한 사람들의 인식을 조사할 때 활용할 수도 있습니다.(예: 애플 아이폰 vs 삼성 갤럭시)

[활동지]

학년   반   이름:

썸트렌드 활용하기

분석한 키워드		분석 기간	2024. . . ~ 2024. . .

1. 언급량 분석

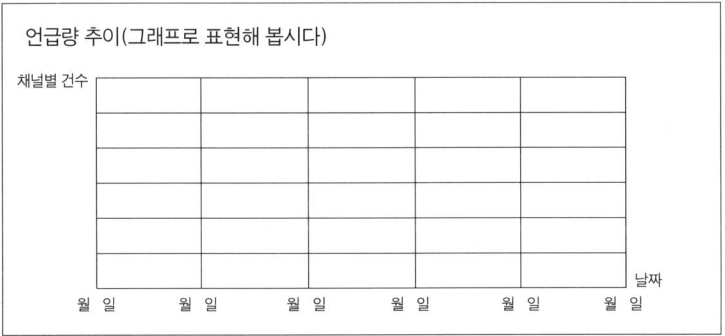

2. 연관어 분석

내가 생각한 연관어	실제 썸트렌드에서 분석한 연관어

3. 긍정·부정 분석

긍정어	부정어

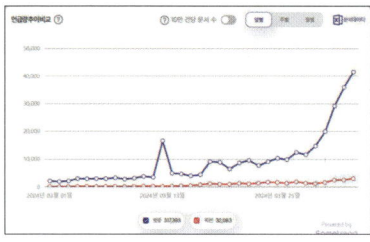
언급량 추이 비교

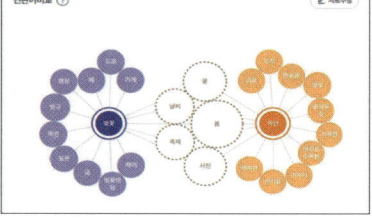
연관어 비교

[수업 후기]

썸트렌드를 활용한 수업은 다양한 키워드를 수업에 적용해 볼 수 있습니다. 또한 연관어로 어휘 학습도 가능하며, 긍정·부정어 순위 변화 기능을 통해 키워드의 이미지가 어떻게 변화하는지를 알아볼 수 있습니다. 썸트렌드로 키워드를 분석하기 위해서는 그래프 및 표를 읽는 능력이 필요합니다. 최근 교육계에서 디지털 문해력이 필수 역량으로 부상하고 있습니다. 썸트렌드는 학생들의 정보활용능력을 신장시켜 줄 수 있는 좋은 수업 도구입니다.

수업 tip

썸트렌드를 본격적으로 활용하기 전에 수업에서 분석해 볼 키워드를 학생들과 함께 정해 보는 것이 좋습니다. 썸트렌드 활용 포인트는 '최신 동향'입니다. 그러므로 학교도서관의 자료 중 최신 동향을 파악할 수 있는 정기간행물 또는 신문을 활용해 키워드를 선정하는 것도 좋은 방법입니다.

책열매를 활용한 어휘 문해력 키우기

5, 6학년	#어휘 #디지털미디어	혼자 조용히 읽기	
수업 주제	책열매를 활용한 어휘 문해력 키우기		
수업 목표	책을 읽고 책열매를 활용하여 모르는 낱말을 공부할 수 있다.		
준비물	태블릿pc, 어휘 활동지, 수업에 활용할 책		

책열매는 '책으로 열리는 매일'이라는 뜻으로 학생의 독서 성향 진단, 독서 이력 정보를 바탕으로 인공지능(AI) 기반 도서 추천, 어휘 학습을 지원하여 개별화·맞춤형 국어 수업의 실현을 돕기 위한 웹 사이트입니다. 책열매에서 3학년~6학년 학년별로 200여 종 이상의 도서에 관한 교수·학습 자료를 제공하고 있으므로 독서교육 시 참고하기 좋습니다. 학생들에게 책열매에 회원가입하도록 하여 학급 서재를 만들고 수업 시간에 책열매의 다양한 기능을 활용하면 다채롭고

재미있는 독서 수업을 할 수 있습니다. 특히 책열매의 여러 가지 기능 중 '낱말 학습' 기능은 수업 시간에 활용하기 좋습니다. 낱말 퀴즈, 낱말 검색, 나의 낱말 모음, 낱말 게임으로 나뉘어 있는데, 이 기능을 수업에 적절히 활용한다면 체계적이고 즐겁게 어휘 문해력을 키울 수 있습니다.

책열매 홈페이지(ireading.kr)

[책열매 활용]

- 낱말 학습으로 모르는 낱말의 뜻 찾기
- 나의 낱말 모음 기능을 활용하여 예문 만들기
- 낱말 퀴즈 풀기, 낱말 게임하기

본격적으로 책열매를 활용하기 전에 책을 목차나 소주제별로 나눠서 읽으며 활동지에 모르는 낱말과 모르는 낱말이 나온 문장을 적는 활동을 합니다. 그리고 주제별로 독서가 끝날 때마다 책열매의 '낱말 학습' 기능을 활용하여 활동지에 적었던 모르는 낱말의 뜻을 찾고, '나의 낱말 모음'에 추가합니다. 책열매의 낱말 학습 기능을 활용하면 국어사전이나 온라인 사전의 도움 없이도 모르는 낱말의 뜻을 찾을 수 있습니다.

모르는 낱말의 뜻을 모두 찾았다면 '나의 낱말 모음'에 들어가 내가 찾은 모르는 낱말의 리스트를 확인하고 공부합니다. 그리고 낱말을 하나씩 클릭하여 이 단어가 들어간 예문을 만드는 활동을 합니다. 예를 들어 '우듬지'라는 낱말의 뜻을 알게 되었다면 "오랑우탄은 나무를 잘 타서 우듬지까지 올라갈 수 있어."와 같은 예시 문장을 만들 수 있습니다. 이때 예시 문장을 만들기 어려워하는 학생이 있다면, 책에 나온 문장을 참고하여 비슷하게 만들도록 합니다.

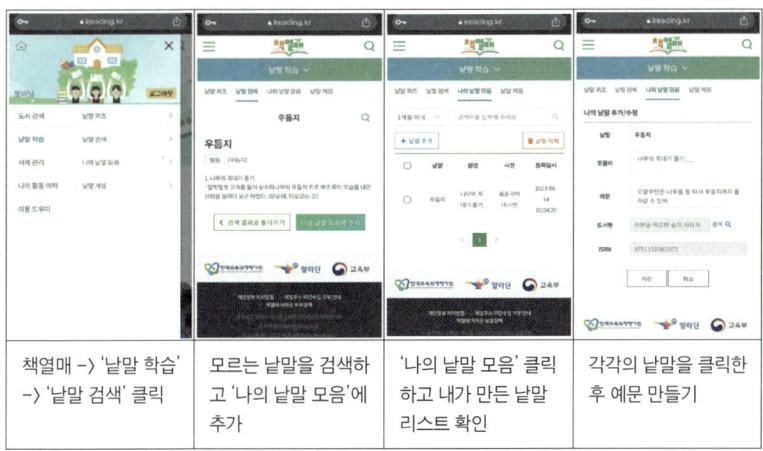

| 책열매 -> '낱말 학습' -> '낱말 검색' 클릭 | 모르는 낱말을 검색하고 '나의 낱말 모음'에 추가 | '나의 낱말 모음' 클릭하고 내가 만든 낱말 리스트 확인 | 각각의 낱말을 클릭한 후 예문 만들기 |

예시 문장 만들기가 끝나면 낱말 퀴즈를 시작합니다. 낱말 퀴즈는 1단계 낱말 찾기, 2단계 뜻풀이 고르기로 구성되어 있으며 낱말 퀴즈가 모두 끝나면 낱말 학습 게임을 할 수 있습니다.

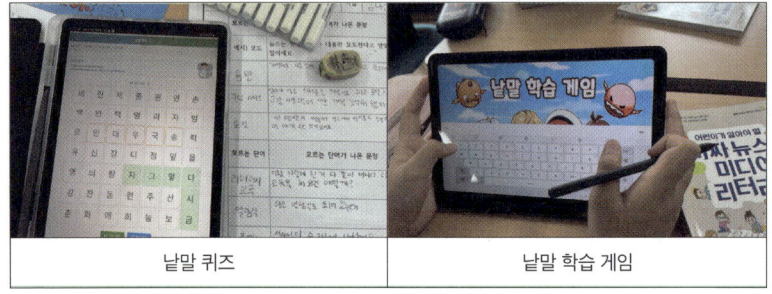

| 낱말 퀴즈 | 낱말 학습 게임 |

[심화 활동]

책열매 활동이 끝나면 모든 학생이 그동안 찾은 낱말 리스트 중에 한 개를 골라 '우리 반 어휘력 사전 만들기' 활동을 할 수 있습니다. 낱말이 연상되는 그림을 간단하게 그리고 낱말의 뜻, 책에 나오는 문장과 내가 만든 문장을 모두 적는 활동입니다. 간혹 학생들이 서로 같은 낱말을 골라도 낱말의 그림과 '내가 만든 문장'이 다르기 때문에 상관없습니다. 어휘력 사전이 만들어지면 학급 전체가 돌려볼 수 있도록 한 후에 도서관이나 교실에 전시합니다. 이렇게 하면 학생들은 스스로 만든 사전이라 관심을 갖고 틈틈이 구경합니다. 그리고 다시 어휘 공부를 합니다.

[수업 후기]

어휘를 몰라 책을 읽기 힘들어하는 학생들이 많습니다. 학교에서 어휘 공부를 하기 위해 이용하는 대표적인 자료는 국어사전일 것입니다. 물론 국어사전이 가장 정석에 가까운 어휘 공부 수단이지만 요즘 학생들은 두꺼운 책을 부담스러워하는 경우가 많습니다. 반면에 태블

[활동지]

주제도서						
학년		반		번호		이름

모르는 낱말	모르는 낱말이 나온 문장
예시) 우듬지	뿌리에서부터 꼭대기인 우듬지까지 한 나무에 얼마나 많은 생명이 깃들어 사는지 몰라.

릿pc를 활용한 책열매 활용수업은 학생들의 흥미를 불러일으킬 수 있었습니다. 낱말을 공부하는 과정을 놀이처럼 여기며 집중력을 불태우고 활동에 열심히 참여하는 학생들이 많았습니다. 또한 학급 어휘력 사전이 만들어졌을 때도 학생들의 관심이 높았고, 실제로 학생들의 어휘 공부에 도움이 되는 수업이었다고 느꼈습니다.

책열매에 처음 회원가입을 시키는 과정이 조금 번거롭지만 한 번 가입하면 낱말 뜻 검색, 예문 만들기, 낱말 퀴즈, 낱말 게임을 모두 하나의 사이트에서 해결할 수 있습니다. 다만 아쉬운 점은 '나의 낱말 모음'에 추가한 단어와 '낱말 퀴즈' 또는 '낱말 게임'의 상호 연결성이 없다는 점입니다. 공부한 단어가 시험에 나오지 않는 것과 마찬가지로 책에서 찾은 낱말이 퀴즈에 나오지 않는 점이 아쉬웠습니다.

수업 tip

수업을 시작하기 전에 책열매에서 낱말 공부를 하는 방법에 대해 미리 안내하여 아이들이 사이트 이용 방법을 숙지하도록 하면 좋습니다. 그리고 태블릿pc 활용수업이지만 태블릿pc가 지나치게 주가 되지 않도록 책 읽는 시간과 태블릿pc 활용 시간을 적절히 균형 맞추는 것이 중요합니다.

클로바더빙을 활용해 뉴스 제작하기

5, 6학년	#디지털미디어	필요한 정보를 찾아 읽기	
수업 주제	클로바더빙을 활용하여 뉴스 제작하기		
수업 목표	모둠별로 뉴스를 만들고 클로바더빙을 활용하여 AI 아나운서 목소리로 뉴스를 더빙하여 오디오로 제작할 수 있다.		
준비물	태블릿pc, 뉴스 제작 활동지, 수업에 활용할 책		

　클로바더빙(CLOVA Dubbing)은 텍스트를 AI 음성으로 더빙하여 동영상 또는 오디오를 만들 수 있는 사이트입니다. 클로바더빙은 태블릿pc 또는 스마트폰의 앱으로도 이용할 수 있으며 네이버 회원가입을 통해 무료로 이용할 수 있지만, 만 13세 미만 학생의 회원가입은 부모님의 동의가 필요합니다. 클로바더빙은 400가지 이상의 보이스를 제공하고 있으며 텍스트를 타이핑하는 방식으로 간편하게 AI 더빙을 할 수 있기 때문에 학생들과 오디오를 제작하는 수업을 할 때 활용

클로바더빙 홈페이지(clovadubbing.naver.com)

하기 좋습니다. 특히 학생들이 직접 클로바더빙을 사용해 보며 목적에 맞는 AI 보이스를 고르고, 직접 만든 뉴스를 타이핑하여 오디오를 제작하고, 이를 QR코드로 만들어 공유하는 전반적인 과정을 통해 디지털 미디어 문해력을 키울 수 있습니다.

[뉴스 제작 활동]

뉴스를 직접 만들어 보는 활동은 디지털 미디어 문해력을 기를 수 있는 좋은 방법입니다. 직접 뉴스를 만들며 뉴스의 제작 과정을 알 수 있고 자신이 만든 뉴스가 사실만 다루고 있는지, 개인적인 의견이 담겨 있지는 않은지 비판적으로 평가하며 가짜 뉴스와 진짜 뉴스를 구별하는 힘을 기를 수 있습니다.

뉴스 제작 활동에 적합한 『어린이가 알아야 할 가짜 뉴스와 미디어 리터러시』(채화영, 팜파스)를 수업에 활용할 도서로 선정했습니다. 읽기 활동을 할 때는 책의 전체 내용을 읽지 않고 필요한 정보가 나오는 부분만 선정해서 읽었습니다. 특히 '가짜 뉴스'와 '미디어 리터러시'에 대한 개념이 나오는 1장과 등장인물이 직접 뉴스를 만들고 잘 만든 뉴스와 그렇지 못한 뉴스를 비교하는 내용이 나오는 5장을 필수로 읽도록 했습니다. 그리고 독서 후에는 책에 나온 등장인물이 만든 뉴스를 참고하여 모둠별로 직접 뉴스를 만들어 보는 활동을 했습니다.

책에 나오는 등장인물 중 미주의 뉴스는 육하원칙에 따른 정확한 정보가 나와 있지 않고, 본인의 의견과 확인되지 않은 정보가 나와 있습니다. 반면에 은호의 뉴스는 객관적인 사실을 바탕으로, 도서관에 대해 사람들이 통상적으로 알고 있는 도덕적인 관념을 덧붙였습니다. 따라서 미주의 뉴스와 은호의 뉴스를 비교했을 때 은호의 뉴스가 잘 만든 뉴스임을 알 수 있습니다. 이처럼 학생들에게 미주와 은호의 뉴스를 비교해 볼 수 있도록 하고 뉴스에는 본인의 의견보다는 사실에 입각한 내용이 들어가야 함을 알려 주었습니다.

다음으로 학생들에게 직접 뉴스를 만들어 볼 수 있도록 했습니다. 모둠별로 함께 뉴스를 만들어야 했기 때문에 주제는 모두에게 공통적으로 해당하는 것으로 정해 주었습니다. 뉴스 제작 수업이 여름방학 독서캠프 기간에 이루어졌기 때문에 주제를 '독서캠프'로 정했습니다. 육하원칙에 따라 뉴스를 만들도록 하기 위해 독서캠프에 대한 자세한 정보가 나와 있는 가정통신문을 참고하게 했습니다.

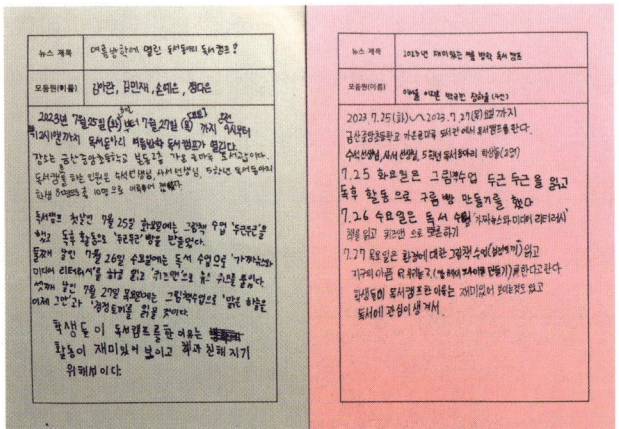

학생들이 만든 뉴스

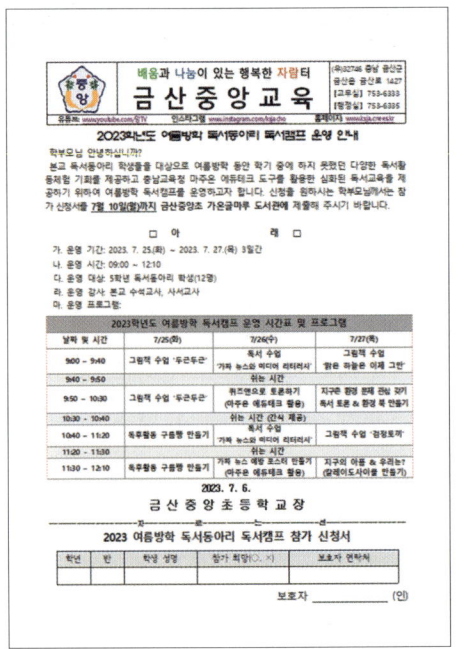

독서캠프 안내 가정통신문

[뉴스 더빙하기]

학생들이 만든 뉴스를 클로바더빙을 활용하여 오디오로 제작해 보았습니다.

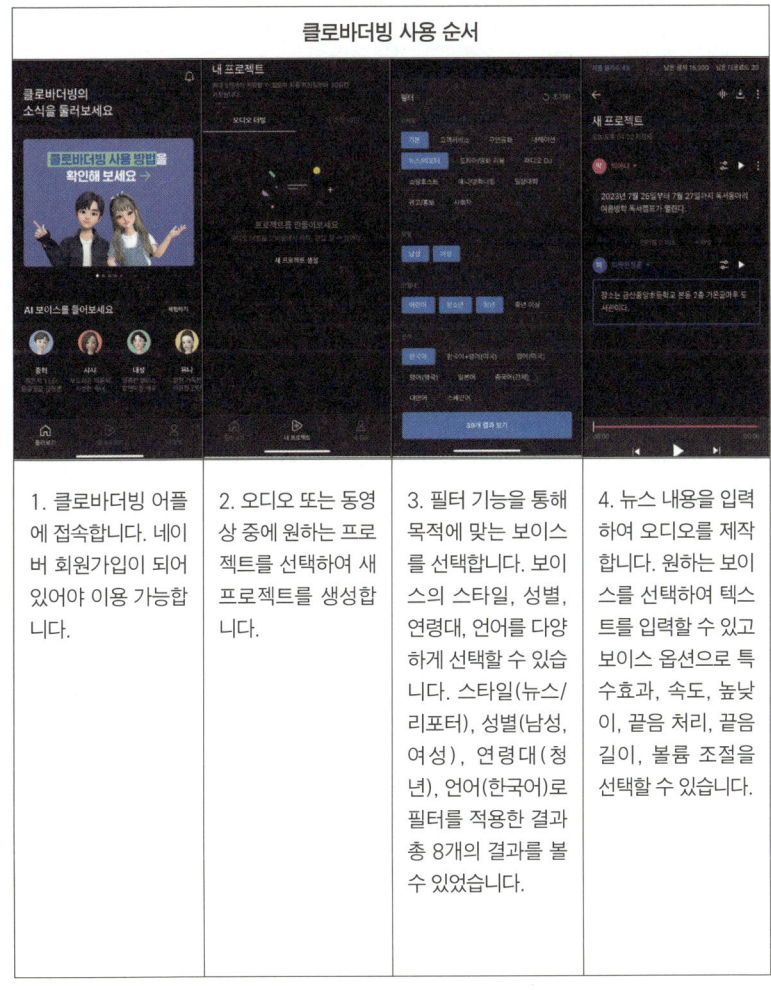

클로바더빙 사용 순서

| 1. 클로바더빙 어플에 접속합니다. 네이버 회원가입이 되어 있어야 이용 가능합니다. | 2. 오디오 또는 동영상 중에 원하는 프로젝트를 선택하여 새 프로젝트를 생성합니다. | 3. 필터 기능을 통해 목적에 맞는 보이스를 선택합니다. 보이스의 스타일, 성별, 연령대, 언어를 다양하게 선택할 수 있습니다. 스타일(뉴스/리포터), 성별(남성/여성), 연령대(청년), 언어(한국어)로 필터를 적용한 결과 총 8개의 결과를 볼 수 있었습니다. | 4. 뉴스 내용을 입력하여 오디오를 제작합니다. 원하는 보이스를 선택하여 텍스트를 입력할 수 있고 보이스 옵션으로 특수효과, 속도, 높낮이, 끝음 처리, 끝음 길이, 볼륨 조절을 선택할 수 있습니다. |

[활동지]

6학년   반   이름:

육하원칙에 따라 뉴스 내용 정리하기	
누가(who)	
언제(when)	
어디서(where)	
무엇을(what)	
어떻게(how)	
왜(why)	

뉴스 만들기	
뉴스 제목	
모둠원(이름)	

[수업 후기]

본 수업에서는 6학년 학생들을 대상으로 디지털 미디어 문해력 향상을 위한 책 읽기와 뉴스 제작 활동을 했습니다. 이 수업을 통해 학생들은 직접 뉴스를 만들고 AI 아나운서 목소리로 더빙하는 경험을 하고, 가짜 뉴스와 진짜 뉴스를 구별하는 방법을 배우고, 정보 판별력과 비판적 사고력을 키울 수 있었습니다. 가짜 뉴스 또는 미디어 리터러시를 주제로 하는 수업을 할 때 클로바더빙을 활용한 뉴스 만들기 활동을 한다면 학생들이 올바른 정보를 분별하여 자신에게 필요한 정보를 정확하게 사용하는 방법을 배울 수 있을 것입니다.

> **수업 tip**
>
> 모둠별로 뉴스 제작하기 활동을 할 때는 모든 학생이 골고루 활동에 참여할 수 있도록 역할을 부여하는 것이 좋습니다. 네이버 클로바더빙으로 뉴스를 더빙할 때 분량을 나누어 타이핑할 수 있도록 하면 무임승차하는 아이들이 생기지 않습니다. 그리고 네이버 클로바더빙을 사용하기 전에 활용 영상을 함께 시청하고 교사가 간단한 시범을 보여 주면 학생들이 사용 방법을 몰라서 헤매는 일이 발생하지 않습니다.

3부

문해력
꽃 피움

- 7장 -

에듀테크를 활용한

문해력 교육

에듀테크(EduTech)는 '교육(Education)'과 '기술(Technology)'의 합성어로 기술을 활용하여 교육의 방법을 혁신하는 것을 말합니다. 학생들은 에듀테크를 통해 배움을 더 효율적이고 재미있는 과정으로 받아들일 수 있습니다. 에듀테크의 효과는 단순한 학습의 효율성과 흥미를 뛰어넘습니다. 급변하는 사회에 다양한 기술을 활용하여 창작물을 만들어 내면서 학생들은 기술의 기본 원리와 응용 방법을 이해하게 되어 미래의 기술 트렌드를 선도할 수 있습니다.

이 장에서는 초등학생들의 학습 수준에 맞춰 활용할 수 있는 에듀테크를 소개합니다. 학생들은 에듀테크의 기본 원리와 순서를 습득한 뒤, 에듀테크를 활용해 자신의 감성과 생각을 담은 창작물을 만들게 됩니다. 이러한 창작 과정은 학생들이 내면에 잠재된 창의성을 표현해 보는 유의미한 경험이 되고 학생들의 문해력을 향상시킬 것입니다.

투닝을 활용해
북트레일러 웹툰 만들기

4~6학년	#디지털미디어	필요한 정보를 찾아 읽기	
수업 주제	투닝을 활용하여 북트레일러 웹툰 만들기		
수업 목표	책을 소개하는 웹툰을 제작할 수 있다.		
준비물	태블릿pc, 추천할 책, 스토리보드		

　투닝(Tooning)이란 인공지능(AI) 기술로 다양한 웹툰형 콘텐츠를 제공하여 온라인에서 누구나 쉽고 빠르게 웹툰을 제작할 수 있는 서비스를 제공하는 클라우드 기반의 애플리케이션입니다. 클릭만으로 원하는 배경, 캐릭터 생김새, 움직임 등을 손쉽게 조작할 수 있어서 구성하고자 하는 내용에 적합한 표정이나 상황, 동작 등을 제작할 수 있습니다. 투닝은 카카오톡, 구글, 페이스북 계정과 연동하여 누구나 무료로 가입해서 사용할 수 있습니다. 그러나 모든 아이템을 자유롭게 사용하

투닝 홈페이지(tooning.io)

려면 유료 버전인 투닝 프로(Pro)를 구입해야 합니다. 초등, 중·고등 교사의 경우 '공직자 통합메일' 계정을 만든 후 투닝 교육용 계정으로 회원가입을 하면 프로 버전 서비스를 1년간 무료로 사용할 수 있습니다.

[투닝 활용하기]

웹툰 한 컷을 종이에 그리려면 많은 시간과 작업 과정이 필요합니다. 그리고 개인 그림 실력에 따라서 결과물의 차이가 큽니다. 이러한 단점을 투닝을 통해 극복할 수 있습니다. 투닝에서 제공하는 캐릭터와 배경을 활용해 웹툰을 구성하고 제작하기 때문에 그림 실력이 전혀 없어도 클릭만으로 웹툰을 완성할 수 있습니다.

투닝은 AI 기반의 콘텐츠가 제공되어 내용에 적합한 표정, 동작, 배경을 반영하여 웹툰 속 주인공을 만들어 낼 수 있고, 팔과 다리를 상황에 맞게 변형시켜 이야기 흐름에 필요한 구성을 만들어 낼 수 있습니다. 또한 배경 효과, 웹툰 리소스로 인물의 일상생활이나 상태를 나타내는 효과음과 사물 소리를 표현하는 기능이 있어서 3D로 제작할 수 있습니다.

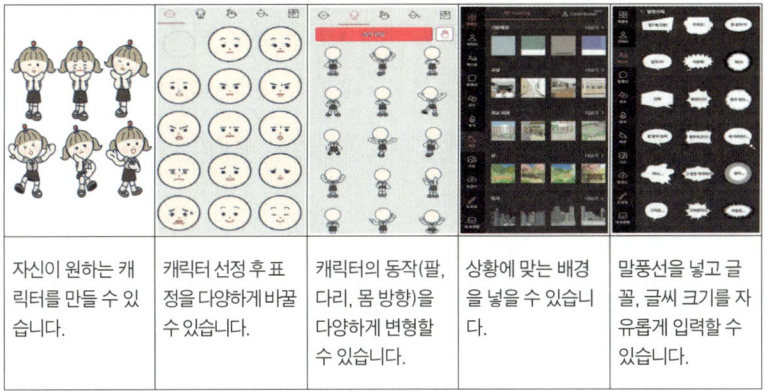

자신이 원하는 캐릭터를 만들 수 있습니다.	캐릭터 선정 후 표정을 다양하게 바꿀 수 있습니다.	캐릭터의 동작(팔, 다리, 몸 방향)을 다양하게 변형할 수 있습니다.	상황에 맞는 배경을 넣을 수 있습니다.	말풍선을 넣고 글꼴, 글씨 크기를 자유롭게 입력할 수 있습니다.

[책 선정하기]

북트레일러는 영화의 예고편에 해당하는 트레일러 영상처럼 책의 내용과 소개를 영상으로 제작한 것을 의미합니다. 영상으로 책을 소개하면 영상을 보는 독자들은 그 책에 관심을 갖게 되고 읽고 싶은 마음이 들 수 있습니다. 이런 북트레일러의 특성을 살리면서 웹툰 형식으로 책 소개 영상을 제작해 보았습니다.

제작에 앞서 북트레일러를 감상했습니다. 개인이 제작하거나 출판사에서 제공하는 북트레일러를 보면서 책에 대한 흥미를 일으키기 위해서 어떠한 요소가 필요한지 함께 생각해 보았습니다. 그리고 소개할 책을 선정했습니다. 그림책부터 동화책까지 각자 원하는 책을 골라 읽는 시간을 충분히 갖는 것이 좋습니다.

[스토리보드 구성하기]

웹툰을 접목시킨 북트레일러를 만들기 위해서는 각자 원하는 책을 골라 읽는 시간을 충분히 가져야 하고 탄탄한 스토리보드가 필요합니다. 책 내용에 대해 이야기를 나누며 내용을 재구성하고, 그 내용을 토대로 스토리보드를 작성하면서 구체화시켜야 합니다. 다음과 같은 순서로 진행하면 됩니다.

1. 책을 읽고 서지사항 및 간단한 줄거리 요약하기
2. 스토리보드에 넣을 핵심 이야기 요소 꺼내기
3. 장면(컷)별로 스토리를 구상하여 스토리보드 제작하기

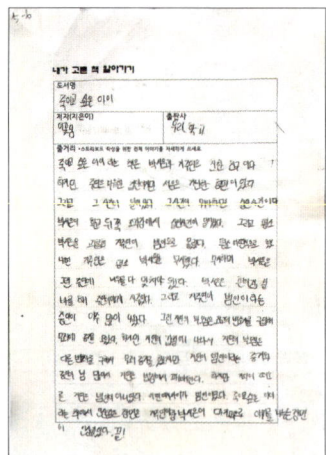

스토리보드 제작 예시

[웹툰 제작하기]

스토리보드가 완성되었다면 구상한 내용을 토대로 장면에 맞는 캐릭터, 배경, 인물들 간 대화 등을 넣어 웹툰을 제작합니다. 투닝에서 제

[활동지]

스토리 요약 및 분석

도서명	
저자(지은이)	출판사

주요 사건(이야기의 핵심 부분)

인상적인 구절

등장인물의 특징 및 성격(포인트)

필요한 준비물

[활동지]

스토리보드 작성하기

(작성자 :   )

- 책 제목 :
- 지은이 :   ■ 출판사 :

공하는 캐릭터의 생김새, 표정, 동작 등을 자유롭게 선택해 보면서, 책을 읽으며 상상했던 등장인물을 구현해 볼 수 있습니다. 중요 장면에 의성어, 의태어, 효과음을 넣으면 독자의 흥미를 조금 더 끌 수 있습니다. 웹툰 속 이미지를 자유롭게 복사할 수 있고 쉽게 삭제할 수 있어서 그림 실력에 자신이 없어도 즐겁게 참여할 수 있습니다.

학생이 만든 『시간을 굽는 빵집』 북트레일러(웹툰 접목)

[수업 후기]

북트레일러 독서활동의 가장 큰 장점은 최종 결과물을 또래 친구들이나 다른 독자에게 제공하여 독서 동기를 부여하는 홍보 도구로 사용할 수 있다는 점입니다. 스마트폰에 익숙한 학생들에게 간편하게 온라인으로 제공하여 자연스럽게 다가갈 수 있도록 하고 책에 대한 관심을 높일 수 있습니다.

『투닝, 클릭만으로 만드는 나만의 웹툰』(조원정, 위키북스) 도서 구입 후 앞표지를 사진 찍어서 투닝 고객센터 이메일 주소로 보내면 투닝 프로 1개월 사용권을 받을 수 있습니다. 그리고 크롬(Chrome)에서 접속해야 더욱 원활한 작업을 할 수 있습니다.

> **수업 tip**
> 투닝을 활용하기 전에 『투닝, 클릭만으로 만드는 나만의 웹툰』을 읽어 보기를 권합니다. 이 책은 투닝 사용 방법을 자세하게 설명해 줍니다.

미리캔버스를 활용해 책 추천 포스터 만들기

4~6학년	#디지털미디어	필요한 정보를 찾아 읽기	
수업 주제	추천하는 책 포스터 만들기		
수업 목표	포스터 만들기를 통해 책을 추천할 수 있다.		
준비물	태블릿 pc, 추천할 책, 스토리보드		

미리캔버스(MiriCanvas)는 한국에서 개발된 온라인 디자인 도구로, 사용자가 손쉽게 다양한 디자인을 제작할 수 있도록 도와줍니다. 이 도구는 그래픽 디자인 경험이 없는 사람도 쉽게 사용할 수 있도록 직관적인 인터페이스를 제공하며, 다양한 템플릿과 디자인 요소를 포함하고 있습니다.

미리캔버스는 기본적으로 누구나 무료로 사용할 수 있습니다. 다만 무료 사용의 경우 템플릿, 글꼴, 저장공간 등의 제한이 있습니다.

미리캔버스 홈페이지

더 많은 콘텐츠와 기능, 용량이 필요하다면 이용료를 내고 프로(Pro) 버전을 이용하면 됩니다.

[미리캔버스 활용하기]

미리캔버스는 다음과 같은 순서로 제작하고 활용할 수 있습니다.

1. 미리캔버스(miricanvas.com)에 접속하여 회원가입을 하고 로그인 합니다.
2. 홈페이지에서 '디자인 만들기' 버튼을 클릭하고 원하는 템플릿이나 빈 캔버스를 선택하여 디자인을 시작합니다.
3. [템플릿]을 선택하면 텍스트, 이미지, 색상 등을 자유롭게 입력하고 변경하여 작업할 수 있습니다.
4. 디자인이 완성되면 '저장' 버튼을 클릭하여 작업을 저장합니다.
5. '다운로드' 버튼을 클릭하여 원하는 파일 형식으로 다운로드하고 파일을 출력하여 포스터로 활용합니다.
6. 내가 작업하고 있는 템플릿을 '공유' 버튼을 통해 링크를 생성시켜 다른 사람과 공유하거나 공동 작업을 할 수 있습니다.

	[템플릿] 카드, 포스터, 프레젠테이션 등 다양한 용도의 템플릿을 제공합니다.
	[디자인 요소] 템플릿 제작에 필요한 다양한 디자인 요소를 활용할 수 있습니다.
	[폰트] 미리캔버스에서 제공하는 무·유료 폰트로 글을 쓸 수 있습니다.
	[새 디자인 만들기] 다양한 사이즈로 제작할 수 있습니다.
	[AI도구] 이미지를 묘사하는 글을 AI가 인식하고 맞는 캐릭터를 만들어 냅니다.

[책 선정하기]

책을 읽고 싶게 만드는 홍보용 포스터이기에 반드시 읽은 내용으로 포스터를 만들어야 합니다. 책의 내용을 알고 있어야 포스터 만들 때 재미 요소, 중심 요소를 잘 표현할 수 있기 때문입니다.

[스토리보드 구성하기]

책을 충분히 읽은 후에 어떤 부분을 이미지와 글로 표현할지 구상해야 합니다. 우선, 포스터 독자가 누구인지 설정합니다. 이때 고학년 학생이 저학년 학생을 대상으로 설정하면 선배가 후배에게 추천하는 책을 포스터로 만들 수 있습니다. 그리고 그 책을 읽고 싶게 하려면 어떤 문구와 이미지를 넣어야 하는지 구상합니다. 포스터 만들기에 필요한 요소는 다음과 같습니다.

- **책의 정보:** 책 제목, 저자 이름, 출판사, 출판일, ISBN, 주요 내용 및 요약 등을 준비합니다.
- **시각 자료:** 책 표지 이미지, 저자 사진, 관련 일러스트 또는 이미지 등을 준비합니다.
- **리뷰 및 추천사:** 유명한 인물이나 매체의 리뷰, 추천사 등을 포함시킬 수 있습니다.

수집한 정보를 바탕으로 디자인 요소를 결정합니다. 책 표지나 책의 느낌과 비슷한 색상을 선택하고 가독성을 고려해 폰트, 글자 크기 등을 결정합니다. 그리고 어떤 부분을 강조할 것인지도 결정합니다.

[포스터 제작]

학생들이 스토리보드에 맞춰 포스터를 제작하도록 합니다. 미리캔버스와 캔바(Canva)에서 제공하는 다양한 콘텐츠를 활용하여 각자 자신만의 창의적인 포스터를 만들 수 있게 합니다. 미리캔버스의 추천

[활동지]

책 추천 포스터 스토리보드

(　)학년　(　)반　이름(　　　)

도서명	
저자(지은이)	출판사

★이 책을 표현하는 키워드 세 가지

★인상적인 구절(내용요약)

★인터넷 탐색으로 찾은 책 후기(리뷰) 또는 추천 내용

★포스터 제작에 사용할 문구 만들기

템플릿을 활용하면 미리 만들어진 템플릿에 자신이 원하는 내용만 편집하여 손쉽게 작업할 수 있습니다.

학생들이 만든 포스터

[수업 후기]

미적 감각이나 그림 실력이 부족한 학생이라도 미리캔버스를 활용하면 충분히 멋진 작품을 만들어 낼 수 있습니다. 미리캔버스는 포스터 만들기 이외에도 팸플릿 만들기, 독후 감상화 그리기, 만화 그리기 등 그림으로 표현하는 모든 교육 활동에 적용할 수 있습니다. 미리캔버스를 활용하면 시각적 자료를 통해 정보를 정리하고 표현하는 능력이 향상되어 창의적인 사고와 문제해결능력이 길러집니다.

수업 tip

미리캔버스에서 제공하는 다양한 템플릿과 요소를 활용하다 보면 학생들은 구상한 것보다 더 기발한 아이디어로 포스터를 제작합니다. 경우에 따라 스토리보드 구성하기 단계를 생략하고 바로 포스터를 제작해도 좋습니다.

리틀리를 활용해 작가소개 프로필 만들기

4~6학년	#줄거리요약 #이해(인물·사건·배경·표현) #디지털미디어	정보 선별하며 읽기	
수업 주제	한 작가의 다양한 도서 읽고, 작가소개 프로필 만들기		
수업 목표	작가에 대한 정보를 재구성해 리틀리로 작가소개 프로필을 만들 수 있다.		
준비물	PC(또는 휴대폰, 태블릿), 활동지		

　멀티링크는 여러 개의 링크를 하나의 공통된 링크로 묶어 주는 서비스입니다. 이 서비스를 활용하면 개인이 여러 소셜 미디어 플랫폼이나 웹사이트 등에 하나의 링크만 공유해도 개인의 여러 계정으로 연결할 수 있습니다. 즉, SNS 자기소개란에 멀티링크를 하나 띄워 놓으면 나에게 관심이 있는 사람들이 그 링크를 클릭하여 여러 링크로 쉽게 이동할 수 있습니다.

멀티링크 서비스를 손쉽게 만들 수 있도록 구현한 솔루션이 '리틀리(litt.ly)'입니다. 리틀리를 활용하여 작가소개 활동을 구성할 수 있습니다. 좋아하는 작가의 정보를 수집해 요약 및 정리하고 멀티링크 형태로 구현하도록 합니다. 그 멀티링크 페이지를 작가에 어울리는 분위기에 맞춰 디자인하는 활동은 학생들에게 정보를 구성하고 활용하는 능력을 길러줄 것입니다.

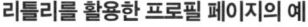

리틀리를 활용한 프로필 페이지의 예

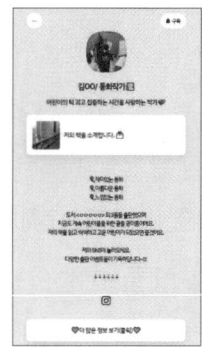

[작가소개 정보 모으기]

리틀리와 같은 멀티링크 서비스를 활용해 작가소개 프로필 링크를 만들기 위해서는 작가에 대한 방대한 정보를 학생 개인의 판단에 맞게 선별하고 재조직하는 과정이 필요합니다. 활동지를 통해 정보를 구체화하도록 하고, 멀티링크를 어떻게 구현할 것인가 고민하는 과정을 거칩니다. 정보 과제를 구체화하는 과정은 실제 에듀테크를 활용하는 창작 활동에서 길을 잃고 헤매지 않기 위한 나침반과 같습니다.

정보 과제 구체화 과정

① 정보원을 설정합니다. 작가에 대한 정보는 책 속에서 또는 책 밖에서 찾을 수 있는 정보로 나눌 수 있습니다. 이를 책 속 정보원, 책 밖 정보원이라고 하겠습니다.

　-책 속 정보원에는 책날개 앞부분의 작가소개란이 있습니다. 보통 이 부분은 작가가 직접 서술하여 작가 특유의 분위기와 정체성을 드러냅니다. 작가의 개인 홈페이지나 수상 이력, 다른 작품들이 소개되기도 합니다. 책을 읽고 학생이 느낀 감상도 책 속 정보가 될 수 있습니다. 책을 고른 동기, 책 속에서 마음에 드는 문장, 친구들에게 추천하고 싶은 이유, 작가를 좋아하는 이유 등 주관적인 감상도 작가의 특징과 개성을 드러내는 유용한 도구가 됩니다.

　-책 밖 정보원으로는 작가의 개인 홈페이지, 블로그, 출판사 홈페이지, 포털사이트 인물검색, 인터넷 서점 사이트의 작가검색 등이 있습니다. 학생들이 적극적으로 정보를 검색한다면 작가의 인터뷰 영상 자료나 작가상 수상 소감 등 더욱 다양한 정보를 얻을 수도 있습니다. 학생들은 활동지에 쓰인 정보원을 살펴보고 실제 정보탐색에 활용할 정보원을 선택해 작가에 대한 정보를 수집합니다.

② 수집한 정보 중 공신력 있고, 작가에 대한 특징이 잘 드러나는 정보를 선별합니다.

③ 선별한 정보를 어떤 위치에 어떤 디자인으로 구현할지 아이디어를 스케치합니다.

④ 리틀리에 접속해 다양한 기능을 탐색하며 정보를 가공·구현합니다.

[리틀리 활용하기]

회원가입

리틀리는 기존 이메일 계정이 있고, 전화번호로 인증해야 회원가입이 가능합니다. 카카오톡, 네이버 웨일, 페이스북, 구글 계정으로 간편 회원가입을 할 수 있습니다. 네이버 웨일에 학교 계정이 생성되어 있다면 네이버 웨일 학교 계정 가입을 추천합니다. 유료 구독 서비스로는 더 많은 기능을 이용할 수 있지만, 무료로도 모든 기능의 95% 이상을 사용할 수 있습니다.

기능 활용하기

① 리틀리(app.litt.ly)에 접속합니다. 회원가입을 해야 이용할 수 있습니다.

② 프로필을 꾸밉니다. 레이아웃을 선택하고 프로필 이미지, 배경 이미지를 선택합니다. 대표 문구에는 소개하려는 작가의 이름이나 필명을 넣고, 상세문구에는 "이 페이지는 작가의 공식 페이지가 아닌 작가의 팬 페이지이며, 교육 활동 목적으로 제작되었습니다."라는 문구를 추가합니다.

③ 블럭 추가 메뉴를 클릭하면 다양한 매체를 삽입할 수 있습니다. 작가와 관련된 영상, 홈페이지, SNS, 이미지, 음악, 지도 등 다양한 자료를 추가해 프로필을 풍성하게 꾸밉니다.

④ 프로필을 디자인합니다. 원하는 색상이나 이미지를 작가의 분위기나 책 내용의 심상에 어울리도록 선택해 꾸미고 '페이지 보기'를 클릭

해 완성된 모습을 확인합니다.

⑤ 페이지 URL을 복사해 학급 온라인 게시판을 통해 공유합니다. 분석 메뉴에 들어가면 페이지 조회 수와 유입 경로, 유입 국가를 확인할 수 있습니다.

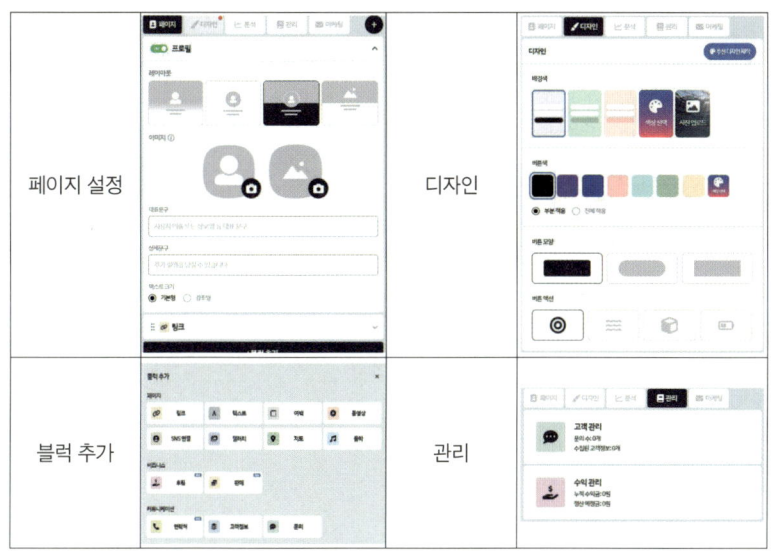

[수업 후기]

생소한 에듀테크를 활용하다 보니 수업하기가 쉽지 않았습니다. 교사가 에듀테크를 완전히 이해하고 학생들에게 설명해야 하기 때문에 교사에게 심적 부담이 갈 수도 있습니다. 그래도 학생들과 함께 리틀리를 시도하고 함께 창작물을 만들어내는 데 의의를 두면 잠깐의 수고로움은 어느덧 뿌듯함으로 바뀔 것입니다.

[활동지]

작가에 대한 정보 조사하기

내가 좋아하는 (   ) 작가

1. 어디에서 정보를 찾을까요? 체크하기 ☑

책 속	책 밖
☐ 책날개 ☐ 작가의 말 ☐ 나의 감상(작가의 책을 고른 동기, 기억하고 싶은 책 속 한 구절, 작가를 좋아하는 이유, 친구들에게 작가의 책을 추천하고 싶은 이유 등)	☐ 작가 개인 홈페이지(SNS) ☐ 출판사 홈페이지(SNS) ☐ 포털사이트 인물검색(네이버 등) ☐ 서점 사이트 작가검색(예O24 등) ☐ 작가 인터뷰 기사 영상

2. 어떤 정보를 찾았나요?
   빈칸의 항목을 자유롭게 설정하고 조사한 정보를 간단히 적어 봅시다.

대표작	①	②	③
	④	⑤	⑥
수상 이력	• • •		
작가의 말 요약하기			
서평 요약하기			
나의 감상			
멀티링크로 넣을 디지털 자료	텍스트 자료	이미지 자료	영상 자료

[활동지]

작가에 대한 정보 조직하기

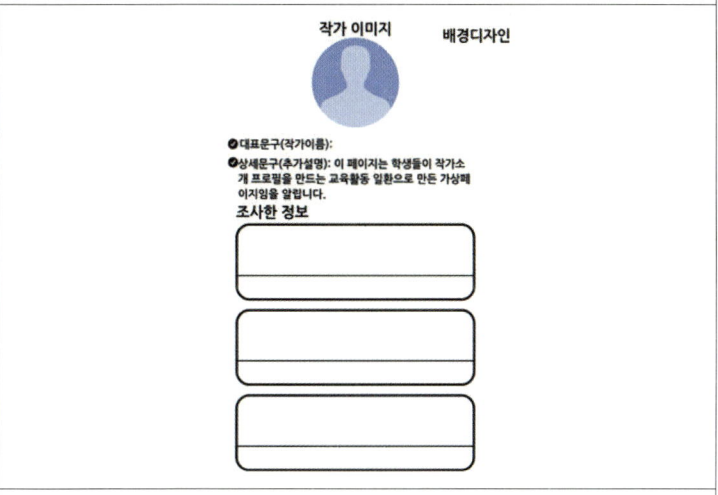

2. 리틀리에 접속해 위 내용을 토대로 작가 프로필을 완성해 봅시다.

준비물	학교 웨일온 계정, 인터넷 접속 환경, PC 또는 휴대폰	
접속하기	URL 주소	QR코드
	https://app.litt.ly	
가입하기	학교 웨일온 계정을 통해 가입하고 휴대폰 번호로 인증 받습니다.	
프로필 꾸미기	- 블록 추가 메뉴에서 텍스트, 이미지, 영상 등 조사한 정보를 입력합니다. - 디자인 메뉴에서 작가 특징이 드러나도록 색과 이미지를 조합해 디자인합니다.	
URL 공유하기	- 관리 메뉴에서 URL을 복사합니다. - 학급 게시판 또는 공유 플랫폼(패들렛 등)을 활용해 친구들에게 공유하고 서로 긍정적인 언어로 피드백합니다.(비판 아닌 비난 금지)	

새로 알게 된 동화작가에 흥미를 느낀 학생들이 정보원을 조사하고 정보를 조직하고 리틀리로 구현하는 활동은 학생들의 앞으로의 독서 생활에 긍정적인 영향을 미칠 것입니다.

> **수업 tip**
>
> 후속 활동으로 '재미있게 읽은 책 작가의 다른 도서 탐색하기'를 할 수 있습니다. 작가의 다른 도서를 탐색하는 방법은 인터넷 검색과 도서관에서 찾아보기가 있습니다. 도서관에서는 청구기호에 따라 책을 정리하기 때문에 서가에 작가별로 책이 모여 있습니다. 학생들에게 검색 범위를 '저자'로 한정해 검색한 후 청구기호를 확인해 보게 하세요. 그리고 책을 찾는 데 필요한 저자기호가 청구기호의 어디부터 어디까지인지 알려 줍니다. 이 점을 알게 된 후 도서관에 방문한 아이는 책 고르는 시간을 재미있게 보낼 것입니다. 청구기호를 잘 알지 못하는 아이가 있다면, 재미있게 읽었던 책을 고른 위치를 떠올리게 한 후 그 서가에 가보게 합니다. 아이는 그 서가에서 같은 작가가 쓴 여러 권의 책을 발견할 수 있을 것입니다.

채터픽스를 활용한 동물복지 캠페인

3~6학년	#이해(인물·사건·배경·표현) #디지털미디어	낭독하기	
수업 주제	ChatterPix를 활용해 등장인물 소개하기		
수업 목표	움직이는 이미지로 등장인물을 소개할 수 있다.		
준비물	태블릿pc 또는 휴대폰, 활동지, 등장인물이 드러나는 도서		

채터픽스(ChatterPix)는 사진에 목소리와 스티커를 추가하여 말하는 이미지를 만들 수 있는 어플리케이션입니다. 이 앱은 Google Play가 '전체 이용가' 등급을 부여하였으며 권장 연령을 만 6세부터 만 12세까지로 고지할 만큼 안전한 환경에서 창의성을 발휘할 수 있는 학습 환경을 제공합니다. 아쉽게도 PC 환경에서 호환되지 않지만 휴대폰과 태블릿pc를 사용해 활용할 수 있습니다.

> **채터픽스의 주요 기능**
>
> - **사진 업로드**: 사용자는 직접 찍은 사진이나 갤러리에 저장된 사진을 사용할 수 있습니다.
> - **말하는 입 만들기**: 사진에 간단한 선을 그려 입을 만들고, 그 입이 말하는 것처럼 보이도록 설정할 수 있습니다.
> - **녹음**: 사용자는 30초 동안 자신의 목소리를 녹음하여 사진에 추가할 수 있습니다.
> - **스티커 및 텍스트 추가**: 다양한 스티커, 필터 및 텍스트를 사진에 추가하여 더욱 재미있고 독창적인 이미지를 만들 수 있습니다.
> - **공유**: 완성된 영상을 소셜 미디어나 메시지를 통해 쉽게 공유할 수 있습니다.

[채터픽스 활용 다양한 수업 방안]

채터픽스는 학생들의 참여와 흥미를 유도하고, 학습 내용을 더 창의적이고 효과적으로 전달하는 데 도움이 될 수 있는 멋진 도구입니다. 특히 책을 읽고 감상을 말, 몸짓, 글로 표현하는 것을 수줍어하고 낯을 가리는 학생들에게 효과적입니다. 채터픽스와 함께 창작물을 만들다 보면 아이들의 표현 능력과 자신감이 크게 자라는 모습을 볼 수 있을 것입니다.

독서 활동에서 채터픽스를 활용하는 구체적인 방안은 다음과 같습니다. 표의 내용을 살펴보며 어떤 수업에 적용할지 고민해 보세요. 학년에 따라 학급 상황에 따라 적용할 수 있는 독서활동 방법은 무궁무진합니다.

캐릭터 인터뷰	소설이나 이야기의 주요 캐릭터로 변신하여 캐릭터의 관점에서 인터뷰를 진행할 수 있습니다. 예를 들어, '흥부와 놀부'의 흥부나 제비의 사진에 목소리를 추가하여 등장인물의 생각과 감정을 표현하게 할 수 있습니다.
동시 낭송	학생들이 자신이 쓴 시나 좋아하는 시를 낭송한 후, 시의 주제와 관련된 이미지에 녹음하여 채터픽스로 표현할 수 있습니다. 이를 통해 시의 감정을 더 잘 전달할 수 있습니다.
서평 쓰기	학생들이 읽은 책에 대한 리뷰를 채터픽스를 통해 발표하게 할 수 있습니다. 책 표지나 주요 장면의 이미지를 사용하여 간략한 줄거리, 주제, 자신의 감상을 녹음합니다.
뒷이야기 꾸미기	채터픽스를 활용해 학생들이 직접 쓴 이야기를 시각적으로 표현할 수 있습니다. 각 장면의 이미지를 준비하고, 각 이미지에 이야기의 일부분을 녹음하여 완성된 이야기를 만듭니다.
어휘 학습 (속담 등)	새로운 어휘를 학습할 때, 각 단어와 관련된 이미지를 찾고 녹음을 추가하여 단어의 뜻과 사용 예시를 설명하게 할 수 있습니다. 예를 들어, '가는 날이 장날이다'라는 속담을 학습할 때 시장이 문을 닫은 이미지를 사용하고 책에서 속담이 쓰인 장면을 표현해 보세요.
낭독극 (책 속 장면 재현하기)	책에서 인상 깊었던 장면을 선택하고, 그 장면을 채터픽스를 통해 재현하게 합니다. 각 장면의 주요 캐릭터나 배경 이미지에 대사를 녹음하여 장면을 재현할 수 있습니다.
독서 퀴즈	책의 내용에 대한 퀴즈를 만들고 채터픽스를 사용하여 질문과 답을 시각적으로 표현할 수 있습니다. 학생들이 주요 인물이나 사건에 대해 퀴즈를 풀고, 각 질문에 대한 답변을 이미지와 함께 녹음합니다.
책 예고편 제작	학생들이 읽은 책의 예고편을 채터픽스로 제작할 수 있습니다. 주요 장면이나 인물의 이미지를 사용하여 책의 줄거리와 흥미로운 요소를 소개하는 방식입니다. 이를 통해 다른 학생들이 그 책을 읽고 싶어하도록 유도할 수 있습니다.

[채터픽스 활용 동물보호 캠페인]

『라면을 먹으면 숲이 사라져』 최원형, 책읽는곰

이 책은 사소한 행동이 지구에 미치는 영향을 초등학생 2명과 오리, 환경단체인 고래똥 생태연구소 소장님의 대화를 통해 배울 수 있는 책입니다. 환경 문제에 경각심을 갖는 것에 그치지 않고 책을 읽는 아이들이 환경 문제 해결을 위해 쉽게 실천할 수 있는 방법을 구체적으로 제시합니다.

이 책의 3부 5장 '잘 살아, 제돌아'를 읽고 수족관에서 쇼 동물 생활을 하던 돌고래 제돌이가 제주 앞바다로 돌아간 여정을 알아봅니다. 부록 '고통받는 쇼 동물을 돕는 법'을 읽고 동물들을 위해 할 수 있는 일들을 요약하고 정리해 보게 합니다. 책에서 제시된 쇼 동물을 돕는 방법 중 '동물원 또는 국회의원 또는 정부 기관에 동물을 보호해 달라고 의견 내기'를 채터픽스를 활용해 캠페인 형식으로 구성하도록 합니다. 움직이는 이미지를 만들어 공통된 플랫폼에 업로드하여 공유하는 것만으로도 동물복지 캠페인은 성공적일 것입니다.

[채터픽스 활용 움직이는 이미지 만들기]

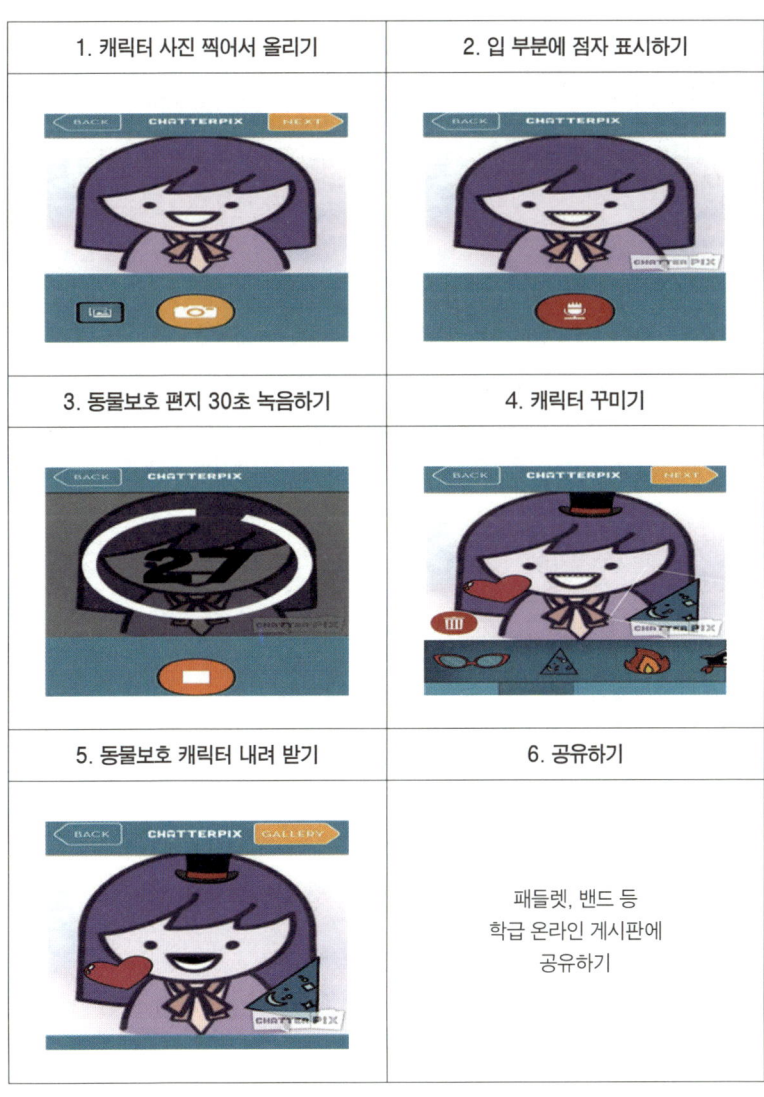

[활동지]

1. (읽기 전) 다음의 '나'의 상황을 읽고, 나라면 어떨지 상상해 봅시다.

> "나는 갑자기 엄청난 부잣집에 입양이 되었다. 엄청나게 비싼 옷에, 엄청나게 비싼 장난감에…. 주변 사람들의 부러움을 한 몸에 받게 되었다. 대신 몇 가지 조건이 있었다. 우선 가족들과 영영 헤어져 살아야 했고, 그 집에서 정한 대로만 살아야 한다. 무엇을 먹을지, 무엇을 배울지, 무엇을 하고 놀 건지까지 말이다. <u>앞으로 나의 삶은 행복할까?</u>"
>
> 『라면을 먹으면 숲이 사라져』145쪽 발췌

1) 밑줄 친 문장에 대한 나의 생각을 이유를 들어 써 봅시다.

앞으로 나의 삶은 (행복할, 행복하지 않을) 것이다.
왜냐하면 (_____
_____) 때문이다.

2. (읽기 중) 돌고래가 수족관에 갇히면 어떤 고통을 받는지 빈칸을 채워 정리해 봅시다.

1	제돌이는 제주 바다에서 잡혀 ( )으로 팔려간 돌고래이다.
2	넓은 바다를 시속 ( )킬로미터로 헤엄쳐 다니는 돌고래에게 수조는 ( )같은 곳이다.
3	돌고래는 ( )를 내보내서 물체에 반사되는 소리로 먹이를 찾는데 수조는 사방이 ( )으로 막혀 있다.
4	공연을 위해 훈련받느라 돌고래는 조련사에게 먹이를 ( )한다.
5	수족관에서 지내는 돌고래는 ( )를 너무 받아서 ( )에 걸리는 일도 많다.
6	돌고래는 ( )년 넘게 사는 ( ) 동물인데, 수족관에 있는 돌고래는 2년 넘게 사는 일이 드물다.

3. (읽기 후) 고통받는 쇼 동물을 돕는 법을 생각해 봅시다.
1) 어떤 쇼 동물들이 있나요?

2) 쇼 동물들을 위해 우리가 할 수 있는 일은 무엇인가요?

①
② 국회의원이나 관련 정부 기관에 동물을 보호해 달라는 편지 쓰기
③

4. (읽기 후) 쇼 동물들의 동물권을 위해 우리들의 목소리를 담은 캠페인을 제작해 봅시다.
1) 동물을 보호해 달라는 목소리를 담은 편지를 써 봅시다.

> ★ 편지를 쓸 때 고려해야 하는 내용
> 쇼 동물이 뭔지, 어떤 종류의 쇼 동물이 있는지, 쇼 동물이 받는 고통이 무엇인지, 앞으로 어떤 방법으로 쇼 동물을 위해 노력해야 하는지

2) 쇼 동물 캐릭터를 창작해 봅시다.

> ★ 캐릭터 만들기 전 생각해 봐요.
> – 어떤 동물을 캐릭터로 만들고 싶나요?
> – 그 동물의 어떤 부분을 강조하고 싶나요?
> – 참고하고 싶은 이미지가 있나요?

캐릭터 이름:

학생들의 활동 예시

chatterpix 생성 이미지	동물 보호 메시지	QR코드
	이름: sos 동물을 보호해주세요. 동물을 지키고 도와주세요. 멸종위기에 처한 동물이 있습니다.	
	이름: 서사 나는 서사라고해. 서커스하는 사자여서 서사야. 나는 서커를 해서 스트레스를 받아서 너무 힘들어. 나를 도와줄래?	
	이름: 호롱이 안녕? 나는 쇼를 하고 있는 호랑이야. 나는 쇼를 하고 싶지도 도전하고 싶지도 않았는데 억지로 하고 있어. 나는 이러고 싶어서 호랑이가 된 게 아닌데… 나 같은 친구들이 자연으로 돌아갈 수 있게 도와줘!	
	이름: 윤돌이 안녕 얘들아? 나는 윤돌이야. 나는 바다에 쓰레기가 너무 많아서 걱정이 돼. 내 친구들도 쓰레기를 먹어서 죽었어. 제발~ 쓰레기를 버리지 말아줘. 부탁이야.	

[수업 후기]

독서 후 사전활동을 통해 캐릭터와 동물복지 관련 대본을 만들어 둔다면 채터픽스를 활용한 이미지 업로드, 녹음, 움직이는 이미지 공유는 어렵지 않습니다. 앱이 단순하고 목적성이 뚜렷하기 때문에 학생들이 한 번 설명을 듣고 익힌다면 과제를 수월하게 수행할 것입니다. 과제를 마친 학생들이 어느새 다른 이미지를 활용하여 다양한 창작물을 만들어내는 것을 볼 수도 있습니다.

학생들은 단순히 책을 읽은 내용에 대한 감상을 글로 표현하는 것에서 벗어나 이미지와 목소리를 결합하여 더욱 생동감 있게 표현할 수 있다는 점을 즐거워했습니다. 또한, 평소에 발표나 글쓰기를 어려워하던 학생들도 적극적으로 참여하는 모습을 보였습니다.

다만 앱을 활용한 창작 활동에 치중하여 내용을 소홀히 하지 않도록 하려면 독서 전, 독서 중 과정에 집중할 수 있는 환경을 조성해야 합니다. 활동 과정에 따라 명확하게 방법을 제시해 준다면 학생들은 혼란스럽지 않게 전 과정을 충실히 수행할 것입니다.

수업 tip

이미지 파일을 올릴 때, 학생들에게 저작권을 주지 시켜야 합니다. 학생이 그린 이미지 파일은 문제의 소지가 없지만 다른 사람이 나온 사진, 저작권 침해가 우려되는 이미지 파일은 사용하지 않도록 지도합니다. 직접 그린 그림을 활용할 것을 권장하되 이미지 파일 또는 사진을 쓰고 싶은 학생은 저작권에 자유로운 'KBS 바다', '공유마당' 같은 사이트를 활용하도록 합니다.

크롬뮤직랩 송메이커로 음악 만들기

5, 6학년	#이해(인물·사건·배경·표현) #디지털미디어	그림을 감상하며 읽기	
수업 주제	크롬뮤직랩 송메이커를 활용하여 음악 만들기		
수업 목표	책을 읽고 느낀 점을 크롬뮤직랩 송메이커를 활용하여 음악으로 표현할 수 있다.		
준비물	태블릿pc, 활동지, 수업에 활용할 책		

크롬뮤직랩(Chrome Music Lab)은 재미있는 실습과 실험을 통해 음악을 더 쉽게 배울 수 있게 해주는 플랫폼입니다. 크롬뮤직랩에 접속하면 14가지 종류의 음악 실습 프로그램 중 원하는 프로그램을 선택해서 활용할 수 있습니다. 그중 송메이커(Song Maker)는 5가지 종류의 악기와 4가지 종류의 박자음, 간단한 설정(Setting) 변경을 통해 음악을 쉽고 재미있게 제작할 수 있는 프로그램입니다.

크롬뮤직랩 송메이커는 여러 가지 수업에서 활용할 수 있는데, 그

크롬뮤직랩 홈페이지(musiclab.chromeexperiments.com)

중 독서 후 자신이 느낀 점을 음악으로 표현하는 수업을 소개합니다. 느낀 점을 음악으로 표현할 때의 장점은 등장인물의 감정이나 책의 분위기에 더욱 집중할 수 있다는 점입니다. 독후 활동을 음악으로 해본 경험이 거의 없는 아이들은 이 활동을 통해 잠재되어 있던 감정 문해력을 끌어낼 수 있습니다.

[함께 읽을 책]

『검은 강아지』 박정섭, 웅진주니어

이 책은 버려진 유기견의 이야기를 다룬 그림책입니다. 흰 강아지가 주인에게 버려진 뒤 여러 계절 동안 주인을 기다리며 검은 강아지가 될 때까지 주인은 강아지를 데리러 오지 않습니다. 그림책 속지의 QR코드에 접속하면 출판사의 유튜브 채널에서 제공하는 검은 강아지 뮤직비디오를 감상할 수 있습니다. 학생들과 책을 읽은 후 뮤직비디오를 감상하면 책의 여운을 더 오래 느낄 수 있고, 음악 제작 활동에도 도움이 됩니다.

[음악 제작을 위한 활동지]

크롬뮤직랩 송메이커로 직접 음악을 제작하기에 앞서 학생들에게 활동지에 각자 만들 음악을 구상하도록 합니다. 활동지 단계를 거치지 않고 바로 태블릿pc로 송메이커에 접속하게 되면 송메이커를 처음 사용해 보는 아이들이 신기해서 아무 음이나 계속 눌러보며 장난을 치고 책과 관련 없는 음악을 만들 수 있기 때문입니다. 활동지 1번 문항에서는 책을 읽고 느낀 점을 적도록 했습니다. 활동지 2번 문항에서는 만들고 싶은 음악의 빠르기, 악기 종류, 리듬을 선택할 수 있도록 했습니다. 이를 통해 학생들은 자신이 책을 읽고 느낀 점을 어떻게 음악으로 표현할 수 있을지 미리 고민할 수 있습니다.

1. 내가 책을 읽고 느낀 점은?

2. 느낀 점을 음악으로 표현한다면?
   - 빠르기는? (빠를 것이다/느릴 것이다)
   - 악기 종류는? (마림바/피아노/현악기/목관악기/전자피아노)
   - 리듬을 넣는다면? (전자음/실로폰/드럼/콩가)
   - 내가 만들고 싶은 멜로디와 그 이유는?

[크롬뮤직랩 송메이커]

크롬뮤직랩 송메이커에 접속하면 보이는 화면에서 바둑판 모양의 악보에 점을 찍듯이 누르면 음이 생성되는데 원하는 음을 눌러 멜로디

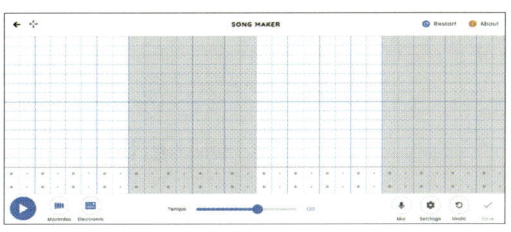

송메이커 화면

를 만들 수 있습니다. 음악의 빠르기는 'Tempo'로 조정할 수 있습니다. 기본적으로 보통 빠르기인 60으로 설정되어 있으며 숫자가 작을수록 음이 느려지고 최대 120까지 숫자를 키울수록 빠른 음악을 만들 수 있습니다. 왼쪽 아래에 보이는 아이콘은 각각 재생 기능 및 음과 박자에 쓰이는 악기를 뜻합니다. 그리고 오른쪽 아래에 보이는 Mic, Settings, Undo, Save 아이콘은 각각 녹음, 음악의 박자나 기본 설정 변경, 되돌리기, 저장 기능입니다.

위 그림과 같이 마림바, 피아노, 현악기, 목관 악기, 전자 피아노 다섯 가지 종류의 음을 만들어 낼 수 있습니다.

전자음, 실로폰, 드럼, 콩가 네 가지 종류의 박자를 넣을 수도 있습니다.

[활동지]

( )학년 ( )반 이름( )

(독서 후) 선생님 예시	SONG MAKER로 음악 만들기 - 책을 읽고 느낀 점을 음악으로 표현하기 -

1. 내가 책을 읽고 느낀 점은?

검은 강아지가 주인이 데리러 올 것이라고 생각하며 주인을 기다리다 점점 배고파하고 몸이 너러워지고 날씨도 추워지는 모습이 안타까웠다. 검은 강아지처럼 버려지는 동물이 생기지 않았으면 한다.

2. 느낀 점을 음악으로 표현한다면?

- 빠르기는? (빠를 것이다 / 느릴 것이다)
- 악기 종류는? (마림바 / 피아노 / 현악기 / 목관 악기 / 전자 피아노)
- 리듬을 넣는다면? (전자음 / 실로폰 / 드럼 / 콩가)
- 내가 만들고 싶은 멜로디와 그 이유는?

슬프고 느린 멜로디를 만들고 싶다. 느리게 흘러가는 계절 속에서 버려진 검은 강아지의 슬픈 기분을 표현하고 싶기 때문이다.

(독서 후)	SONG MAKER로 음악 만들기 - 책을 읽고 느낀 점을 음악으로 표현하기 -

1. 내가 책을 읽고 느낀 점은?

2. 느낀 점을 음악으로 표현한다면?

- 빠르기는? (빠를 것이다 / 느릴 것이다)
- 악기 종류는? (마림바 / 피아노 / 현악기 / 목관 악기 / 전자 피아노)
- 리듬을 넣는다면? (전자음 / 실로폰 / 드럼 / 콩가)
- 내가 만들고 싶은 멜로디와 그 이유는?

1. 내가 책을 읽고 느낀 점은?
하염없이 주인을 기다리는 강아지가 안타까웠고 그럼에도 인간을 좋아하는 강아지의 모습이 슬펐다.
2. 느낀 점을 음악으로 표현한다면?
• 빠르기는? (빠를 것이다 / 느릴 것이다)
• 악기 종류는? (마림바 / 피아노 / 현악기 / 목관 악기 / 전자 피아노)
• 리듬을 넣는다면? (전자음 / 실로폰 / 드럼 / 콩가)
• 내가 만들고 싶은 멜로디와 그 이유는?
감미로우면서 슬픈 멜로디, 강아지의 마음이 아직도 인간을 좋아하는 슬픔을 표현하고 싶기 때문이다.

1. 내가 책을 읽고 느낀 점은?
강아지가 너무 불쌍하다.
2. 느낀 점을 음악으로 표현한다면?
• 빠르기는? (빠를 것이다 / 느릴 것이다)
• 악기 종류는? (마림바 / 피아노 / 현악기 / 목관 악기 / 전자 피아노)
• 리듬을 넣는다면? (전자음 / 실로폰 / 드럼 / 콩가) 안 넣을 것이다.
• 내가 만들고 싶은 멜로디와 그 이유는?
슬픈 음악으로 강아지의 불쌍함을 표현할 것이다.

학생들의 활동 예시

1. 내가 책을 읽고 느낀 점은?	
강아지가 새 주인을 찾아가면 좋겠다고 생각했다.	
2. 느낀 점을 음악으로 표현한다면?	
• 빠르기는? (빠를 것이다 / 느릴 것이다)	
• 악기 종류는? (마림바 / 피아노 / 현악기 / 목관 악기 / 전자 피아노)	
• 리듬을 넣는다면? (전자음 / 실로폰 / 드럼 / 콩가)	
• 내가 만들고 싶은 멜로디와 그 이유는?	
빠르고 경쾌한 음악을 만들고 싶다. 왜냐하면 강아지가 새 주인을 만나서 행복하게 살기를 바라기 때문이다.	

1. 내가 책을 읽고 느낀 점은?	
강아지의 말투가 해맑은 게 너무 귀여웠다.	
2. 느낀 점을 음악으로 표현한다면?	
• 빠르기는? (빠를 것이다 / 느릴 것이다)	
• 악기 종류는? (마림바 / 피아노 / 현악기 / 목관 악기 / 전자 피아노)	
• 리듬을 넣는다면? (전자음 / 실로폰 / 드럼 / 콩가)	
• 내가 만들고 싶은 멜로디와 그 이유는?	
봄, 여름, 가을, 겨울로 파트를 나누어 멜로디를 만들어 검은 강아지의 감정을 표현하고 싶다.	

학생들의 활동 예시

Length	4 bars	Scale	Major
Beats per bar	4	Start on	Middle C
Split beats into	2	Range	2 octave

송메이커 화면

위는 'Settings' 아이콘을 누르면 보이는 화면입니다. 만들고자 하는 음악의 길이를 조절할 수 있으며 박자, 장조, 옥타브 등을 조정할 수 있습니다. 저는 아이들과 활동을 할 때 다른 설정은 기본으로 두고 길이만 '8 bars'로 바꾸었습니다.

[수업 후기]

아이들은 책을 읽고 여러 가지 생각을 하고 많은 감정을 느낍니다. 독후감 외에도 아이들의 생각과 감정을 표현할 수 있는 방법은 많습니다. 특히 AI 기술을 활용한다면 지금까지 시도해 보지 않은 다양한 방식으로 독후 활동을 할 수 있습니다. 본 수업에서는 크롬뮤직랩 송메이커를 활용하여 책을 읽고 느낀 점을 음악으로 표현했습니다. 버려진 강아지의 슬픔을 표현하고 싶은 아이들은 느리고 서정적인 음악을 만들었고, 새 주인을 만나 행복할 강아지의 미래를 표현하고 싶은 아이들은 빠르고 경쾌한 음악을 만들었습니다. 책을 읽고 자신이 느꼈던 점을 음악으로 표현하며 아이들은 평소보다 더욱 풍부한 상상력을 발휘하고 감정을 깊이 있게 표현했습니다.

수업을 진행하며 '독후활동을 음악으로도 할 수 있구나.' 하는 생각이 들었고, 음악을 활용하여 아이들의 감정 문해력을 더욱 끌어낼 수 있었습니다.

수업 tip

크롬뮤직랩 송메이커에서 본격적으로 음악을 만들기 전에 꼭 활동지를 채울 수 있도록 하세요. 활동지에 자신이 만들고자 하는 음악의 방향을 미리 정해 놓지 않으면 음악으로 자신의 느낀 점을 표현하기보다 장난을 치며 책과 관련 없는 음악을 만들 수 있습니다.

음악 그림책

도서	저자	출판사
꿈꾸지 않으면	양희창 글, 정하나 그림	스푼북
네모의 꿈	유영석 글, 안소민 그림	창비
딸에게 보내는 노래	유희열 글, 천유주 그림	창비
문수의 비밀	루시드 폴 글, 김동수 그림	창비
삘릴리 범범	박정섭 글, 이욱남 그림	사계절
숲 속을 걸어요	유종슬 글, 국지승 그림	스푼북
에일리언	이찬혁 글, 이윤우 그림	스푼북
염소 4만원	옥상달빛 글, 조원희 그림	그린북
작은 연못	김민기 글, 정진호 그림	창비
재밌는 여행	안승준 글, 홍나리 그림	창비
크리스마스에는 축복을	김현철 글, 최정인 그림	스푼북
풍선	이두헌 글, 최은영 그림	창비

스토리플로터를 활용한 8주 책 쓰기 프로젝트

5, 6학년	#줄거리요약 #이해(인물·사건·배경·표현) #어휘 #추론 #디지털문해력	반복해서 읽고 고쳐쓰기	
수업 주제	책 쓰기 프로젝트로 다양한 형태의 책 만들기		
수업 목표	다양한 형태의 책 만들기 과정을 통해 자신의 글을 고쳐 쓸 수 있다.		
준비물	활동지, 무지 스크랩북, 4칸 라벨지, 스마트패드, 이야기톡, 딕싯, 도란도란 카드, 스토리텔링 주사위, 노트북		

　스토리플로터(Story Plotter)는 창의적인 스토리 작성과 플롯 구성에 도움을 주는 앱입니다. 이 앱은 작가, 시나리오 작가, 학생 등 다양한 사용자들이 자신의 아이디어를 체계적으로 정리하고 발전시킬 수 있도록 설계되었습니다. 학생들은 스토리플로터의 AI를 활용한 브레인스토밍으로 아이디어를 자유롭게 기록하고, 이를 바탕으로 이야기를 발전시킬 수 있습니다. 학생들이 다양한 구성 도구를 활용하여 아이디어를 시각적으로 정리해 볼 수 있도록 해 보세요.

		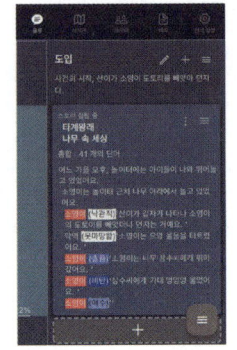
'캐릭터 목록'을 활용하여 각 캐릭터의 성격과 배경을 상세히 기록합니다. 이를 통해 캐릭터 간의 관계와 역할을 명확히 하고, 스토리 전개 시 일관성을 가질 수 있습니다.	'세계관' 메뉴는 사용자가 스토리의 배경과 설정을 체계적으로 정리할 수 있도록 도와주는 기능입니다. 이를 통해 스토리의 일관성을 유지하고, 독자에게 더 생동감 있는 세계를 제공할 수 있습니다.	사용자가 스토리의 '플롯'을 시각적으로 구성할 수 있게 도와줍니다. 플롯 포인트를 추가하고, 이를 시간 순서에 따라 배열하여 전체 스토리를 한눈에 볼 수 있습니다.

[8주 책 쓰기 프로젝트]

한 권의 책을 완성하기 위해 작가가 들이는 노력은 상상을 초월합니다. 고학년 아이들이라도 직접 한 권의 책을 쓰기에는 많은 시간과 노력이 필요하기에 쉽게 시도하기 어렵습니다. 그러나 친구들과 함께 도전한다면 책 쓰기가 가능하고 문해력도 성장할 것입니다. 함께 책을 쓰는 과정을 통해 학생들이 서로 소통하고 교류하면서 문해력을 크게 향상시킬 수 있기 때문입니다. 한 학기 동안 진행하는 프로젝트로 창의적 체험 활동 수업을 구성하거나 동아리 활동으로 진행해 보길 추천합니다.

주별 계획	내용	비고
1주	이야기 만들기 게임	이야기톡, 딕싯, 도란도란 카드, 스토리텔링 주사위 등 활용
2주	책 쓰기 아이디어 구상하기와 피드백 나누기	활동지1
3주, 4주	등장인물, 배경, 사건 정하기 등장인물, 배경, 사건 피드백 나누기	활동지2 • 스토리플로터 어플 활용하기
5주	스크랩북에 초고 쓰기	무지 스크랩북, 4칸 라벨지
6주, 7주	스크랩북 초고 피드백 나누기 • 스크랩북 완성 대화 넣으며 오디오북 만들기 오디오북 대화 피드백 나누기 • 오디오북 완성	• 네이버 클로바더빙 활용
8주	출간 기념회	

[이야기 만들기 게임]

책 쓰기 활동에 앞서 다양한 교구와 보드게임을 활용하여 이야기를 만드는 게임을 진행해 보았습니다.

준비

다양한 교구와 보드게임을 준비합니다. 이야기톡, 딕싯, 도란도란 스토리텔링 카드, 하브루타 주사위 등을 활용할 수 있습니다. 모둠은 3~4명으로 구성합니다.

하브루타 주사위를 활용한 이야기 만들기 예

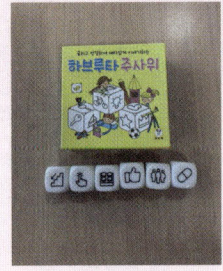

소영이는 계단 아래로 굴러 떨어졌어요.
그런데 눈을 떠보니 다른 세상인 거예요.
바로 레고 세계였어요.
소영이는 멋진 레고 집을 친구들과 함께 완성했어요.
그리고 마법의 약을 선물로 받아 현실 세계로 돌아왔습니다.

tip. 룰마스터 모둠을 하나 만든 후, 교사가 지도하는 가운데 시범 플레이를 합니다. 룰마스터 모둠의 모둠원은 뿔뿔이 흩어져 다른 모둠으로 들어가 각 모둠원들과 함께 게임을 하며 게임 규칙을 설명하는 역할을 합니다.

게임 진행 및 발표

모둠별로 1~2회 플레이한 내용 가운데 함께 공유하고 싶은 이야기를 하나 뽑아서 모둠별로 발표합니다. 발표 후 다른 모둠원은 발표에 관한 피드백을 합니다. 이야기의 개선할 부분에 대한 조언과 좋은 부분을 칭찬하는 피드백이 될 수 있도록 지도합니다. 교사도 피드백에 적극 참여하여 학생이 자신의 이야기를 고민하고 발전시킬 수 있도록 유도합니다.

[책 쓰기 아이디어 구상과 피드백 나누기]

다음과 같이 본격적으로 책 쓰기 아이디어를 구상해 봅니다.

모둠별 브레인스토밍하기

책 쓰기 모둠원끼리 브레인스토밍을 하며 아이디어를 확산하는 활동을 진행합니다. 커다란 종이를 가운데에 두고 이야기에 쓸 글감을 단어로 적습니다. 브레인스토밍 마무리 단계에서 가장 매력적인 단어에 동그라미를 칩니다. 그리고 자신이 쓸 이야기를 정해 봅니다. 이 과정에서 공동 저자로 진행할 학생들은 함께할 수 있도록 안내합니다.

스토리보드에 간단한 이야기 흐름 작성하기(*활동지1)

자신이 선택한 이야기 글감을 넣어서 이야기를 만들어 봅니다. 스토리보드는 발단-전개-위기-절정-결말 5단계의 구조로 간략하게 그림으로 표현하고 글로 쓸 수 있도록 안내합니다.

아이디어 발표 및 피드백 나누기

모둠을 2개 정도 합쳐서 8명이 함께 진행하는 것을 추천합니다. 자신이 만든 아이디어를 짧게 발표하고 피드백을 주고받는 시간을 가집니다. 모둠원의 피드백을 바탕으로 이야기를 수정합니다.

[등장인물, 배경, 사건 정하기]

등장인물 정하기

등장인물 프로필 쓰기에 앞서 내 프로필을 작성해 봅니다. 내 프로필과 비교하며 등장인물의 프로필을 작성합니다. 하나의 이야기에는 두 명 이상의 등장인물이 필요합니다. 주인공을 먼저 정하고, 등장인물

• **[활동지1]**

학년   반   이름:

스토리보드에 이야기 만들기

1. 브레인스토밍을 통해 얻은 이야기 글감으로 서사 구조에 맞게 이야기를 만들어 보세요. 그림으로도 표현해 보세요.

	발단-배경, 인물, 일상 소개

	전개-사건의 시작

	위기-사건이 고조됨, 주인공이 위기에 처함

	절정-사건을 통해 주인공이 무언가 깨달음

	결말-사건이 마무리됨, 주인공이 성장(마음)

2. 피드백을 받고 난 뒤 스토리보드를 다시 수정해 보세요.

의 프로필을 작성합니다. 등장인물의 나이, 성별, 이름, 사는 곳, 가족 구성원, 성격, 취미, 특기, 부족한 점, 보완할 점 등을 자세하게 기록합니다. 등장인물의 모습도 그려 봅니다.

배경 정하기

배경은 이야기가 진행되는 장소로, 이야기의 중요한 요소 중 하나입니다. 현실 세계 또는 판타지 세계, 도시 또는 농촌 등에 따라 이야기의 성격이 크게 달라지기 때문입니다. 현실 세계에서 판타지 세계를 다녀오는 이야기이면 두 세계 모두 구체적으로 설정해야 합니다.

사건 정하기

스토리보드에 기록한 사건 외에 더 일어날 수 있는 사건을 브레인스토밍해 봅니다. 그중에서 마음에 드는 사건을 골라 스토리보드에 추가하여 기록합니다.

[전자책 만들기]

전자책을 만들 수 있는 도구는 다양합니다. 어플을 내려받아 설치하여 활용하는 도구는 하루북, BookTraps, Book Write, 스토리플로터 등이 있습니다. 그 외에 PC 기반의 강력한 도구로 Book Creator가 있습니다. 태블릿pc나 스마트폰, PC 활용 여부에 따라 선택하여 전자책 만들기에 도전해 보세요.

[활동지2]

등장인물, 배경, 사건 정하기

1. 내 모습, 주인공 모습, 등장인물 모습을 그려 보세요. 프로필도 작성해 보세요.

내 모습 그리기	주인공 그리기	등장인물 그리기
이름: 버릇: 성별: 나이: 성격: 말버릇: 별명: 매력:	이름: 버릇: 성별: 나이: 성격: 말버릇: 별명: 매력:	이름: 버릇: 성별: 나이: 성격: 말버릇: 별명: 매력:

2. 배경을 그리고 설명해 보세요.

배경1 그리기	배경2 그리기
배경 설명:	배경 설명:

3. 사건을 브레인스토밍하고, 가장 마음에 드는 사건에 동그라미 치세요.
   활동지1의 스토리보드에 사건을 추가해서 적어 보세요.

스토리플로터 어플을 활용해 전자책 만들기

메뉴	세부 기능	설명
플롯	도입, 캐릭터 및 관계성 소개, 사건의 발생, 이야기의 전개 및 관계 변화, 사건의 심화 또는 표면화, 사건에 대한 인식과 결정·성장, 사건의 해결, 결말	플롯 포인트를 시간 순서에 따라 배열하여 스토리의 구조를 명확히 할 수 있습니다. 각 플롯 포인트에 대한 설명을 추가하여 세부 사항을 기록해 두세요.
캐릭터	주인공, 조력자 등 설정, 캐릭터 관계도 그리기	캐릭터 시트를 활용하여 각 캐릭터의 성격과 배경을 상세히 기록합니다. 이를 통해 캐릭터 간의 관계와 역할을 명확히 하고, 스토리 전개 시 일관성을 유지할 수 있습니다.
세계관 (배경)	타임라인, 환경 세부 설정	사용자가 스토리의 배경과 설정을 체계적으로 정리할 수 있도록 도와주는 기능입니다. 이를 통해 스토리의 일관성을 유지하고, 독자에게 더 생동감 있는 세계를 제공할 수 있습니다.

[스크랩북에 책 쓰기]

활동지1, 2에 작성한 내용을 바탕으로 스크랩북에 초고를 씁니다. 장면을 나누어서 쓰도록 지도하고, 표지를 꾸며서 완성합니다. 스크랩북이나 전자책에 책 쓰기 활동을 끝낸 경우, 오디오북 활동으로 이어서 진행하도록 안내합니다.

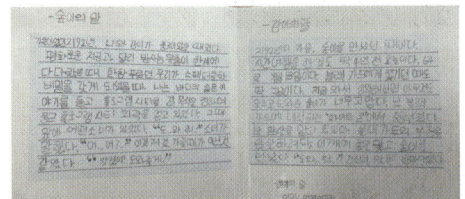

스크랩북 예시

[스크랩북 피드백 나누기]

완성한 스크랩북 초고나 스토리플로터에 작성한 내용을 돌아가며 읽는 시간을 20분 정도 갖습니다. 4명이 한 모둠이므로 3~4개의 이야기를 읽고, 피드백하는 시간을 갖습니다. 피드백을 토대로 1차 책 쓰기 결과물을 오디오북에 옮겨서 작성합니다.

오디오북을 제작할 때는 '네이버 클로바더빙'을 활용합니다. 우선 대화문을 풍성하게 늘려서 작성하도록 지도합니다. 그리고 클로바더빙에서 등장인물에 맞는 목소리를 고르게 합니다. 1인칭 화자인 경우 주인공 목소리로 내레이션을 설정하고, 전지적 작가 시점 화자인 경우 어울리는 목소리를 찾도록 합니다.

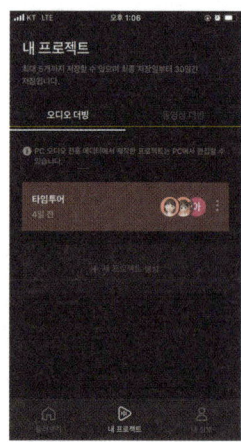 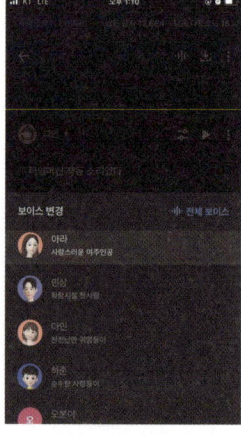 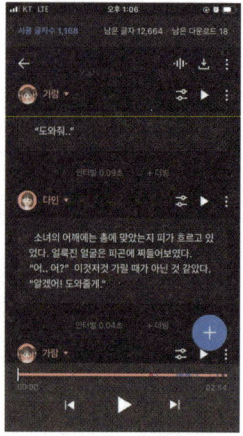

클로바더빙 어플 활용하기

학생 작품(일부)

[수업 후기]

"이번 프로젝트는 책 쓰기야."

"어? 선생님, 저 쓰고 있는 이야기가 있어요."

책 쓰기 프로젝트를 막연히 어렵다고 생각했던 저에게 학생들의 이런 반응은 오히려 놀라웠습니다. 한 번 더 놀란 것은 아이들 스스로 자신의 자투리 시간을 활용해서 책을 쓴다는 사실이었습니다. 정해진 수업 시간이 아닌데도 원고 작업을 피드백 받고 싶어서 원고를 들고 오는 경우가 많았습니다. 브레인스토밍 내용도 각양각색이었습니다. 이렇게 쌓아 놓은 이야기가 많은데 그동안 어떻게 참았나 싶어서 웃음이 저절로 나왔습니다.

아이들이 초고를 완성하는 과정이 쉽지는 않았습니다. 하지만, 다음 단계를 밟을 때마다 형태를 달리해서 변화하는 책을 보며 아이들은 힘을 냈습니다. 서로 다른 친구의 이야기를 관심 두고 읽어 본 뒤, 칭찬을 아끼지 않았습니다. 어찌 보면 아이들이라서 동화를 잘 쓸 수 있구나 싶었습니다. 자신의 이야기를 글로 풀어쓰며 어휘력의 한계를 느끼기도 했고, 대화문을 쓰며 이야기 속에 푹 빠지기도 했습니다.

어쩌면 책 쓰기야말로 문해력을 높이는 데 있어서 가장 종합적인 활동이 될 수도 있겠다 싶습니다. 그동안 읽은 많은 이야기, 다양한 어휘력 훈련, 쓰기 수업을 통해서 성장한 만큼 프로젝트가 진행되는 동안 아이들은 책 쓰기를 즐기는 모습이었기 때문입니다.

참고문헌

그림책사랑교사모임(2022). 초등 그림책 문해력 수업. 서울: 교육과실천.
김강선 외(2014). 학교도서관 활용수업: 초등. 서울: 학교도서관저널.
김강선 외(2020). 학교도서관 활용수업2: 초등. 서울: 학교도서관저널.
김보연 외(2022). 그림책과 함께하는 하브루타 수업. 서울: 맘에드림.
김성규(2023). 수업활동 100. 서울: 학교도서관저널.
김성효(2019). 초등공부, 독서로 시작해 글쓰기로 끝내라. 서울: 해냄.
김연수(2023). 초등 한자 읽기의 힘. 서울: 빅피시.
김윤정(2021). 공부머리 만드는 초등 문해력 수업. 서울: 믹스커피.
김윤정(2021). EBS 당신의 문해력. 고양: EBS BOOKS.
김은호(2022). 디지털 문해력 수업. 서울: 설렘.
김지원(2023). 초등 공부의 본질, 문해력. 서울: 서사원.
박미정(2023). 우리는 책 모임 하러 학교에 갑니다. 서울: 학교도서관저널.
박제원(2022). 학교 속 문해력 수업. 서울: EBS BOOKS.
박현수(2022). 야무지게 읽고 쓰는 문해력 수업. 서울: 기역(ㄱ).
박희정(2023). 문해력을 키우는 알파세대 독서법. 서울: 한울림.
백승권(2022). 말 잘하는 아이, 글 잘 쓰는 아이. 서울: 북루덴스.
베이직콘텐츠연구소(2021). 초등교과 어휘왕 가로세로 낱말퍼즐 세트. 서울: 키즈프렌즈.
변옥경 외(2023). 어머니 문해력은 요약이 전부입니다. 서울: 가나.
스키마언어교육연구소(2022). 몰입독서. 서울: 학교도서관저널.
신효원(2023). 아홉 살에 시작하는 똑똑한 초등신문. 서울: 책장속북스.
안진수, 김도윤(2021). 초등독서수업 끝판왕 2학년. 서울: 교육과실천.
이도영 외(2022). 문해력 교과서: 초등 국어 2학년. 서울: 창비교육.
이은경(2022). 이은경쌤의 초등어휘일력 365. 서울: 포레스트북스.
장재진(2021). 30일 완성 초등 문해력의 기적. 서울: 북라이프.

전국교사연극모임(2021). 학교에서 낭독극하기. 서울: 학교도서관저널

전병규(2021). 문해력 수업. 서울: RHK.

전병규(2022). 우리 아이 문해력 독서법. 서울: 시공주니어.

전병규(2023). 초4 지식책 읽기를 시작해야 합니다. 서울: 클랩북스.

전보라(2023). 수업에 바로 써먹는 문해력 도구. 서울: 학교도서관저널.

정유라(2022). 말의 트렌드. 서울: 인플루엔셜.

정재영(2023). 좀비, 괴물, 요정들의 문해력 파티 1. 서울: 북멘토.

조병영(2021). 읽는 인간 리터러시를 경험하라. 서울: 쌤앤파커스.

조인정(2020). 온작품읽기로 만나는 독서토론논술. 서울: 이비락.

조정원(2022). 투닝, 클릭만으로 만드는 나만의 웹툰. 파주: 위키북스.

진동섭(2021). 공부머리는 문해력이다. 서울: 포르체.

채화영(2020). 어린이가 알아야 할 가짜 뉴스와 미디어 리터러시. 서울: 팜파스.

최승필(2018). 공부머리 독서법. 서울: 책구루.

황윤정 외(2023). 초등 공부, 언어지능이 답이다. 서울: 피톤치드.